物权数字化（经纪）平台启动仪式

物权数字化（经纪）平台在苏州成立

物权数字化（经纪）平台成立大会现场

工业和信息化部机关服务局原局长
赵忠抗出席平台成立大会并致辞

国家林业和草原局中国野生植物保护协会
副秘书长赵胜利出席平台成立大会并致辞

物权数字化概念创始人、物权数字化课题
组秘书长姚海涛出席平台成立大会并致辞

物权数字化（经纪）平台与上海九颂
山河基金公司董事长管金生合作签约

《物权数字化——中国经济第四极》首发式在广西巴马召开

《物权数字化——中国经济第四极》首发启动仪式

最高人民检察院原常务副检察长张耕为物权数字化平台题词

工业和信息化部中小企业局原一级巡视员陈滨出席《物权数字化——中国经济第四极》首发式并致辞

物权数字化概念创始人、物权数字化课题组秘书长姚海涛出席《物权数字化——中国经济第四极》首发式并致辞

民政部原常务副部长、党组副书记罗平飞出席《物权数字化——中国经济第四极》首发式

中共中央对外联络部欧亚局原局长田永祥出席《物权数字化——中国经济第四极》首发式

物权数字化课题组在北京成立

物权数字化课题组启动仪式

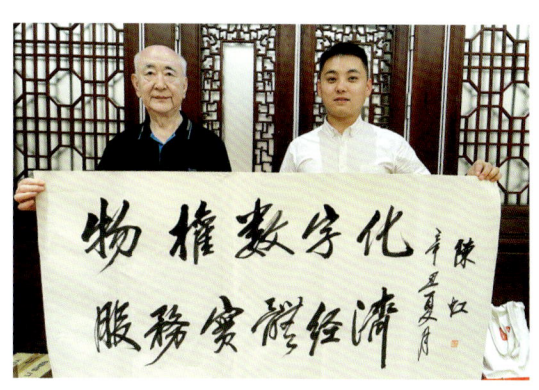

民政部原副部长、国家民委原常务副主任陈虹为物权数字化平台题词

最高人民检察院原常务副检察长张耕出席物权数字化课题组成立大会

民政部原副部长、国家民委原常务副主任陈虹出席物权数字化课题组成立大会

中共中央对外联络部原副部长于洪君出席物权数字化课题组成立大会

物权数字化课题组联合发起单位海南科技职业大学执行校长郑兵出席成立大会并致辞

首期物权数字化实操研修班学员集体合影

第二期物权数字化实操研修班学员集体合影

物权数字化概念创始人、物权数字化课题组秘书长姚海涛为学员授课

中国新三板"教父"、物权数字化平台首席交易规则专家程晓明博士为学员授课

知名天使投资人、物权数字化平台首席融资专家李天语为学员授课

区块链应用博士生导师、物权数字化平台首席技术专家章卫为学员授课

莫干山会议会址合影

物权数字化莫干山会议

运营团队创始人合影

首期项目管理师研修班学员集体合影  第二期项目管理师研修班学员集体合影

第三期项目管理师研修班学员集体合影  第四期项目管理师研修班学员集体合影

物权数字化

与数证经济

姚海涛 / 主编

线装書局

图书在版编目（CIP）数据

物权数字化与数证经济 / 姚海涛主编. -- 北京：线装书局，2022.10
ISBN 978-7-5120-5202-4

Ⅰ. ①物… Ⅱ. ①姚… Ⅲ. ①信息经济－研究 Ⅳ. ①F49

中国版本图书馆CIP数据核字(2022)第185638号

物权数字化与数证经济

主　　编：姚海涛
责任编辑：崔　巍
出版发行：线装書局
　　地　　址：北京市丰台区方庄日月天地大厦 B 座 17 层
　　　（100078）
　　电　　话：010-58077126（发行部）010-58076938（总编室）
　　网　　址：www.zgxzsj.com
经　　销：新华书店
印　　制：三河市中晟雅豪印务有限公司
开　　本：787mm×1092mm　1/16
印　　张：15.5
字　　数：230千字
版　　次：2022年10月第1版第1次印刷

定　　价：98.00元

《物权数字化与数证经济》
编委会

顾　　问： 管金生　程晓明

主　　编： 姚海涛

总策划兼副主编： Amy Yao

副 主 编： 章　卫　李天语　李国章　祝云良　徐东亮　田金宝

编　　委：
缪惠清	陈　忠	张水松	王　伟	王　雷	梁玉梅
张晓莹	程舒琪	李险峰	李　松	缪惠平	汪秀荣
杜欣花	缪惠春	吴美丽	程尼凤	何冬梅	叶青枚
高新贤	钱富华	杜　鹏	孔令兵	吴玲华	李振强
鹿军华	刘文革	季家文	刘朝科	丁朝阳	胡清平
李　强	袁小莉	杜海霞	樊洪伟	庄国新	蒋仁园
顾　飞	汪建华	周小羽	缪惠敏	张吉莲	梅　霞
徐　昀	叶建春	缪雯洁	朱新海	王丰伟	陈学明
马占新	曹玉芝	徐柳意	蔡平立	袁秀敏	刘景梅
李美玲	陈全享	郭金栓	方丽娟	王雪红	王秀珍
杨宏斌	廖远靖	王　雪	邵玉珍	郭爱芹	杨　菲
孙博艺	陈洪莲	冯爱姣	缪晓华	杨天栋	庹秀清
张高忠	许月琴	胡美芳	王美琴	方明祥	诸葛泉
陈　勇	武　震	洪秀清	崔广文	姜凤清	安会芳
郝思海	王玉霞	张艳平	侯林海	谷　杰	杜　燕
孙亭凤	周　杭	李慧玲	何仁翠	胡灵玲	王庆龙
王州连	缪韩凯	桂光红	刘　佳	魏运金	卜凡智
王　辉	吴子健	翟佳华	李俊颉	滕晓华	杨素贞

序 言

物权数字化开启共识经济新未来

《中华人民共和国民法典》（以下简称《民法典》）于2021年正式实施，对很多法律条文都进行了修订，这也意味着有一些法律进行了调整，《民法典》的施行，同时意味着《中华人民共和国物权法》（以下简称《物权法》）退出历史舞台。作为中国第一部以"典"命名的法律，它又被誉为"社会生活的百科全书""市场经济的基本法"。

在这里我们共同探讨两个问题，以起到抛砖引玉的作用。

一、数字化的价值创造将如何实现？物权数字化又将在其中起到怎样的作用

对于企业而言，需要物联网、大数据、云计算、人工智能成为企业的"眼睛"和"大脑"，产业互联网成为企业的"神经网络"，区块链成为企业的"循环系统"。公司的界限趋于模糊，实现内外结合生态化发展，通过生态化实现经济的升维和加速进化，实现网络化分工协同、网络化要素流动和网络化价值创造。这就意味着工业时代的刚性供应链变成柔性的供应网络，整个供应网络将围绕用户的需求进行快速调整和迭代，形成面向用户需求的柔性定制。

在工业时代的刚性供应链中，价值创造的主体是公司，每个公司独立安排生产，不同公司之间基于货币交换形成价值链上下游的松散协作关系。

在未来的柔性供应网络中,价值创造将以数字智能为驱动,由个人、公司、平台在社会化协作中完成。所有的生产资料和工作流程都将数字化后上云,形成与物理世界对应的数字孪生世界。

在数字孪生世界中,通过数字智能和网络协同的方式实时生成价值链,在该价值链中完成供给的创造,然后再通过数字化手段反作用于物理世界,将其实际生产出来并配送到用户手中。

基于工业时代价值创造的基本特征,以资本为核心,以个体利益最大化为实现手段的资本主义生产方式具有一定合理性,能够最大限度地推动生产力的发展。在信息时代,资本主义的核心逻辑与价值创造的特点出现了严重抵触,以人为核心,以社会化协作为实现手段的社会主义生产方式必将取代资本主义。

二、物权数字化能带来哪些好处

如前文所述,物权数字化深入经济活动的方方面面,必将对商业、经济、社会带来一系列深刻变革。这里简单列举两条。

一是高效透明交易。

在未来的数字化价值创造过程中,传统的物权概念,无论在时间上还是在空间上,其颗粒度都显得过于粗糙,必须对其进行革命性变革,才能在时间和空间上变得更为精细和灵活,使之与数字化的价值创造过程相适应。

以房产交易为例。现有的房屋产权制度是登记制，房屋交易需要提供工作收入、银行流水、社保、纳税等一系列证明，平均用时182天。实现产权数字化之后，很多流程都可以通过数字化和自动化实现合约智能化：签署贷款合同之后银行就被授权拿到密钥，获取证明客户贷款资格的所有数据，信息确认无误后自动发放贷款。房地产服务、金融服务便变成了秒级服务，人们可以像线上购物一样买卖房屋。

物权数字化之后，围绕物权的各种欺诈和博弈行为将不复存在，现在的谈判型世界将会转变成预估型世界，前者中会有尔虞我诈，也会夹杂个人偏见，但后者中只有真实透明和言必行、行必果。

二是经济脱虚向实。

前文提到，工业时代实现物权流转是通过资本货币化实现的。将物权转换为一定数额的货币，通过货币的调配，来实现有形物与劳动的有机组合，从而创造出价值。

在价值创造和利益分配的循环中，货币成为量化一切价值的手段，货币资本的增值成为价值创造不断提升的标志，成为人们追逐的核心目标。但是，货币归根结底只是价值符号，是不可能独立存在的，必须依附于实际的价值才能起作用，经济脱实向虚导致整个经济体系走向衰败，最终成为企业衰败的罪魁祸首。

而我们所称的物权数字化，是基于物联网和区块链技术，将物实体与其数字产权建立实时动态的对应关系，物权价值的增值，不可能脱离实际的价值创造而独立存在，因此，它就成为助推实体经济高效发展、抑制经济脱实向虚的有力保障。

更进一步来说，物权数字化也将成为解决当今世界货币通胀与通缩交替出现这一顽疾的有力手段之一。

当物权数字化全面铺开之后，可以实时统计经济活动中涉及的价值总量，于是也就可以对所需的货币进行精确调整。由于货币本身也实现了数字化，因此可以对货币进行实时赋权，比如特定数量的物权数字化在特定时间段内只能用于特定的生产经营活动，从而避免货币供应无节制地涌向特定领域，造成经济的剧烈波动。

如今，我国正在推动内外双循环的大战略，如何推动国内良性经济循环，避免房地产等金融资产过热，物权数字化也将成为很重要的支撑方案。

业界的各位精英们，希望本书开卷有益，通过本书你们将对物权数字化的方方面面有更深刻的理解，而这些理解将在社会各个领域对你们产生积极的影响。

李国章博士
海南科技职业大学副校长

前　言

讲政治、懂政策、抓机遇、拓梦想

"实物、物权、用益物权、产品"进行数字化交易，实质是进行"实物非物理性移动"，移动和交换的是"数字化权益证明"，即"数证"。归根结底还是"实物交易、物权交易、用益物权交易、产品交易"。

"数证"与国家明令禁止的代币、虚拟币、空气币及被热点炒作的"通证""NFT"等完全不同，"数证"不具备金融属性，只对标和伴随"实物、物权、用益物权、产品"交易过程的增减值而进行波动，既不能进行人为投机炒作，也不可能暴涨暴跌。

本书首次提出数证理论：数字化权益证明可使用、可转让、可流通、可识别、防篡改、防伪造，基于智能合约和区块链底层技术生成，简称"数证"（Digital Proof of Interest，DPOI）。

实物、物权、用益物权、产品对标数证，通过数证的便捷确权属性、快速交易属性，带动企业产品销售和市场份额提升，形成企业流量性数字资产。数证将促进"权益资产数字化、权益价值数字化、权益流通数字化、价值创造数字化"，它是开启共识经济辉煌明天的金钥匙。

预计在不远的将来，"产品 + 数证"交易平台、交易商城，将像雨后春笋一样破土而出。数证将促进企业融入数字经济的时代变革，促进企业依托实物、物权、用益物权、产品等盘活流动资金，依托"产品 + 数证"商业模式，扩大市场份额。

"物权实物数字化、物权交易数字化、物权确权数字化、物权用益数字化"，这将构成一套完整的物权数字化生态系统，依托此生态系统生成的企业专属数证，将一揽子解决企业发展的诸多难题。

《物权数字化与数证经济》是"物权数字化四部曲"的第二部,第一部《物权数字化——中国经济第四极》已于2021年4月出版发行,至今已发行近五万册,第三部《物权数字化与碳金经济》正在撰写,预计将于2022年出版发行,第四部《物权数字化与大健康产业》正在布局谋划,预计将于2022年下半年出版发行。

世界历经了资源造富浪潮、资产造富浪潮、互联网造富浪潮,现在又迎来了数字经济造富浪潮,物权数字化隶属于数字经济范畴。任何一次浪潮的到来都会经历"看不见、看不起、看不懂、来不及"四个阶段,所以很多企业和创业者完美地错过了前三次造富浪潮。杜牧在《阿房宫赋》中慨叹:秦人不暇自哀,而后人哀之;后人哀之而不鉴之,亦使后人而复哀后人也!

本是俗众人,偶为商贾客,

醉舞红尘一壶酒,坐井说天阔;

雌黄新概念,敝履新政策,

论到囊中羞涩时,怒指乾坤错;

曾为池塘水,遇海化清波,

漫卷物权百页纸,登顶笑山硕;

数据变银圆,思维度强弱,

待到资金从容日,弃骂苍天恶。

目　录

第一章　学习新概念，形成新思维 …………………………… 013

第二章　物权数字化 …………………………………………… 027

第三章　《民法典》赋能物权数字化 ………………………… 043

第四章　"物权数字化""数字物权"的阈值 ………………… 071

第五章　"物权数字化""数字物权"资产化设计 …………… 079

第六章　区块链 ………………………………………………… 087

第七章　中国链区块 …………………………………………… 095

第八章　物权 …………………………………………………… 105

第九章　"数字物权首次发行"设计 ………………………… 113

第十章　朴素的 DPOI 原理 …………………………………… 123

第十一章　如何获得人生第一个 DPOI ……………………… 133

第十二章　高维经济根服务分析 ……………………………… 141

第十三章　数证经济导论 ……………………………………… 153

第十四章	数证经济与计算机	157
第十五章	数资城市	165
第十六章	一城百链	177
第十七章	城市数证设计	189
第十八章	数证估值设计	199
第十九章	物权区块链市场	209
第二十章	资产思维阈值	219
第二十一章	大数据与算法库	227
第二十二章	再谈物权 & 数字化	241
第二十三章	物权数字化｜数字经济大学	257
第二十四章	行为即发行	269
第二十五章	南渡北归	281

CHAPTER
ONE

第一章

学习新概念, 形成新思维

一、物权数字化生态系统

物权实物、交易、确权、用益数字化，构成了一套完整的生态系统，依托此生态系统生成的企业专属数证，将一揽子解决企业发展的诸多难题。

1.物权实物数字化

实物泛指现实生活中具体的东西，也泛指实际应用的东西，一般来说实物就是在你面前的东西。"实物＋主人"就形成了物权，把实物的物权进行数字化，是现代计算机语言，通过计算机程序将实物分成百份、千份、万份，使其对标的实物也分为非物理性的若干份。物权实物数字化就是将实物及权益的物理属性数字化。

这是认知和理念的重大突破，在现实实践中，实物间的交换交易方式出现了重大变革，可以看作以前是牛车走在乡间小路上，现在则是汽车在高速公路上飞驰。

2.物权交易数字化

《易·系辞下》中提到，"日中为市，致天下之民，聚天下之货，交易而退，各得其所"。交易原指以物易物，后泛指买卖商品。交易是指双方以货币及服务为媒介的价值交换。交易，又称贸易、交换，是买卖双方对有价物品及服务进行互通有无的行为。它可以是以货币为交易媒介的一种过程，也可以是以物易物。

物权交易数字化是基于物权实物数字化后的交易，它打破了几千年来"整买整卖、整租整赁"的思维定式，颠覆了几千年来"生产生活投资贸易"的思维逻辑。

物权实物数字化交易将释放海量级物权市值的流动性和跨时空交易，"助推企业数字转型，助力企业顶层设计"，将"激活企业物权资产，盘活企业流动资金"，"增加民间投资渠道，降低大众投资门槛"。

我们仿佛听到了商业模式变革的滚滚雷声，即将来临的"产品+DPOI"的狂风暴雨，必将颠覆传统经济和互联网经济的商业模式。

3.物权确权数字化

确权是依照法律、政策的规定，经过申报、权属调查、实物勘测、审核批准、登记注册、发放证书等登记程序，确认实物所有权、使用权的隶属关系和他项权利。

物权确认请求权指的是因物权的归属、内容发生争议的，利害关系人要求国家司法机关确认其物权的请求权。物权确认请求权的内容是请求确认物权的归属。所谓确认物权的归属，就是确认物权的权利主体，即确认对特定的物权享有直接支配和排他权利的权利人，如所有权人、用益物权人、担保物权人。至于请求确认物权的内容，则不属于物权确认请求权的内容，而属于物权请求权的范畴。

确权是公共权力机关或机构以证书形式的法律确认，现实生活中，部分物权无法通过公共权力机关或机构通过证书进行确权，而是通过公序良俗、约定俗成进行确认，这导致了物权实物交易的过程中产生很多变数，交易过程复杂烦琐。

物权确权数字化基于区块链底层技术，以"物权实物+数字化+智能合约"对物权实物进行确权，对物权实物数字化交易后再度确权，保障了交易前后权属的明确，因其以数字化形式出现，可以根据交易结果数据进行溯源确权。

这是确权方式方法的一场革命，弥补了以前确权制度的空白，同时在司法实践中将便捷解决证据的采信，现实生活中将加速物权资产的流动。众所周知，流动才会产生价值。那些沉睡的物权，通过数字化确权就可以实现快速流动和交易。

4. 物权用益数字化

用益物权是指非所有人对他人所有之物享有的占有、使用和收益的权利。用益物权的基本内容，是对用益物权标的物享有占有、使用和收益的权利，是通过直接支配他人之物而占有、使用和收益。这是所有权权能分离出来的权能，表现的是对资产的利用关系。用益物权人享有用益物权，就可以占有用益物、使用用益物，对用益物直接支配并进行收益。

《中华人民共和国民法典》以下简称《民法典》

第二百九十七条　不动产或者动产可以由两个以上组织、个人共有。共有包括按份共有和共同共有。

第二百一十五条　当事人之间订立有关设立、变更、转让和消灭不动产物权的合同，除法律另有规定或者当事人另有约定外，自合同成立时生效；未办理物权登记的，不影响合同效力。

物权用益数字化、实物交易数字化、确权数字化后，用益物权既可以按份共有也可以共同共有，将用益即收益进行数字化管理和分配，就形成了全新的分配支付收益规则和方式，使依托物权实物数字化后的收益更明确，分配更透明，支付更便捷。

二、数证经济

1. 数证定义

数字化权益证明可使用、可转让、可流通、可识别、防篡改、防伪造，基于智能合约和区块链底层技术生成。

2. 中文名称

数字化权益证明，简称"数证"。

3. 英文名称

Digital Proof of Interest，DPOI。

4. 内容

包括数字化后的实物、物权、用益物权、智能合约。

5. 数字化权益证明相关法律依据

《中华人民共和国民法典·物权编》。

6. 数证功能

可使用、可转让、可流通、可识别、防篡改、防伪造，基于智能合约和区块链底层技术生成。

7. 数证属性

非金融属性，在产品交易过程中，进行非物理属性移动，线上确权、交割、移动，具有增减值属性。

8. 数证差异化

对标实物、物权、用益物权、利润等实体的数字化权益凭证，既不是空气币，也不是虚拟币。

三、碳金经济

1. 碳金定义

碳金泛指碳排放交易形成的碳汇经济，英文为 CO_2-GOLD，简称 CO_2G。

2. 碳金趋势

2021年是中国"碳金"经济的元年，"碳金"一词将与大众生活息息相关，就像"汽油"一样。我国提出2030年实现"碳达峰"，2060年实现"碳中和"，"碳金"交易将成为趋势和未来。

3. 黄金时代

1944年7月，在美国新罕布什尔州的布雷顿森林，通过了《国际货币基金协定》，美元与黄金直接挂钩，各国主权货币与美元挂钩，对标黄金实物，史称"布雷顿森林体系"，这标志着"黄金时代"正式开始。

4. 黑金时代

1971年美国政府停止美元与黄金兑换后，时任美国总统尼克松同意向沙特提供军火和保护，条件是沙特所有的石油交易都须用美元结算。由于沙特是石油输出国组织中最大的产油国和全球最大的石油出口国，其他国家不得不使用美元结算石油交易。美元与石油交易挂钩，各国主权货币也不得不与美元挂钩，对标石油，因为石油是黑色的，史称"黑金时代"。石油成为全球最大的交易商品，"黑金时代"持续至今。

5. 碳金时代

有关数据显示，中国人均碳排放2吨，美国人均碳排放4.4吨。中国预计到2030年实现"碳达峰"、2060年实现"碳中和"，而美国、欧盟早已过了"碳达峰"，承诺在2050年实现"碳中和"。美国碳排放指标交易价格为每吨100美元，欧盟碳排放指标期货价格为每吨50欧元，2021年7月16日，中国首次碳排放交易14万吨，成交额709万元人民币，每吨50元人民币，预计2030年交易价格至少上涨10倍，2060年交易价格上涨几十倍也将成为可能。

根据以上数据和态势及全球顶级专家预估，随着全球性节能减排，清洁能源的规模性入市，石油需求将逐步下降，2030年中国实现"碳达峰"时，全球碳排放指标交易将超过石油交易，碳将成为全球最大的交易商品，世界范围内"黑金时代"将走向没落，"碳金时代"正大步走来。

6. 碳金商机

2020年，特斯拉靠卖"碳排放信用额度"首次获得"全年盈利"，通过"碳排放信用额度"获得16亿美元，远远超过了其该年度7.21亿美元净利润。

中国已承诺2030年实现"碳达峰"、2060年实现"碳中和"，这意味着在2030年之前，碳排放指标将成为稀有生产要素，之后再申请的很难获得通过。

目前碳交易所已经试点开展，一旦相关的"碳税"实行，我们就可以把碳排放指标租给后来者或者卖给需要扩产的企业。

从黄金到黑金再到碳金，每个时代的更迭都蕴含着巨大商机，都是经济业态的一场重大变革，正如人类"从传统思维转变为互联网思维，从互联网思维转变为物联网思维，从物联网思维转变为数字经济思维"一样，每一次转变都带来了经济格局的重组和巨大的造富浪潮。

中国具有社会主义制度优势、新型举国体制优势、超大规模市场优势，中国一定会牢牢掌握碳金交易的主动权，在兑现"碳达峰""碳中和"承诺的同时，也势必促成碳金交易挂钩人民币。

面对"碳金时代"，行业和企业都可以找到自己的机会，比如企业节能减排、升级改造等结余的碳排放指标，企业植树造林等生成的碳排放指标，都可以通过"全国碳排放交易市场"交易。

基于物权数字化理论，共有物权相当于共有碳排放指标。换言之，按份共有的物权同时可以按份共有碳排放指标，总体碳指标交易可以对标物权按份分享。

碳金DPOI将解决包括但不限于碳指标确权等一系列问题，这将拓宽民间投资渠道，降低大众投资"门槛"，寻常百姓也可以分享"碳金时代"的红利。

四、四次造富浪潮

1. 体制造富

第一次造富浪潮源于经济体制改革，从计划经济体制到市场经济体制，政企分开，解放了生产力，造就了20世纪八九十年代下海创业的热潮，以长三角地区、珠三角地区新兴商业、加工业为代表。

2. 资产造富

第二次造富浪潮源于民营加工制造业、民营房地产业、民营矿产业等依托加入世贸，以及房地产改革、政府土地金融等一路高歌猛进。企业适逢大出大进贸易新时代，开启了中国房地产二十年的大牛市行情；伴随全国性基础设施建设高潮迭起，矿产业日进斗金。

3. 互联网造富

互联网又称网际网络，根据音译也被称为因特网（Internet），是网络与网络所串联成的庞大网络。这些网络以一组通用的协议相连，形成逻辑上单一且巨大的全球化网络，在这个网络中有交换机、路由器等网络设备，各种不同的连接链路、种类繁多的服务器和数不尽的计算机、终端。使用互联网可以将信息瞬间发送到千里之外的人手中，它是信息社会的基础。互联网应用模式可划分为电子政务应用模式、电子商务应用模式、网络信息获取应用模式、网络交流互动应用模式、网络娱乐应用模式。

2000年以后，中国互联网企业扎堆赴美上市，典型的代表有腾讯、阿里巴巴、网易、美团、京东等。互联网是基于信息传递的属性。

4. 数字经济造富

数字经济作为经济学概念，它是人类通过大数据（数字化的知识与信息）的识别—选择—过滤—存储—使用，引导、实现资源的快速优化配置与再生，实现经济高质量发展的经济形态。

数字经济作为一个内涵比较宽泛的概念，凡是直接或间接利用数据来引导资源发挥作用，推动生产力发展的经济形态都可以纳入其范畴。在技术层面，包括大数据、云计算、物联网、区块链、人工智能、5G（第五代移动通信技术，5thGeneration Mobile Communication Technology，5G）通信等新兴技术；在应用层面，"新零售""新制造"等都是其典型代表。

现阶段，数字化的技术、商品与服务不仅在向传统产业进行多方向、多层面与多链条的加速渗透，即产业数字化，而且在推动诸如互联网数据中心（Internet Data Center，IDC）建设与服务等数字产业链和产业集群上不断发展壮大，即数字产业化。我国重点推进建设的 5G 网络、数据中心、工业互联网等新型基础设施，本质上就是围绕科技新产业的数字经济基础设施。数字经济已成为驱动我国经济实现又好又快增长的新引擎，数字经济所催生出的各种新业态，也将成为我国经济新的重要增长点。数字经济是一个经济系统，在这个系统中，数字技术被广泛使用并由此带来了整个经济环境和经济活动的根本变化。数字经济也是一个信息和商务活动都数字化的全新的社会政治和经济系统。企业、消费者和政府之间通过网络进行的交易迅速增多。数字经济主要研究生产、分销和销售都依赖数字技术的商品和服务。数字经济的商业模式本身运转良好，因为它创建了一个企业和消费者"双赢"的环境。

五、数字经济时代

1. 没有互联网思维

数以万计的传统制造业倒闭了；体制造富时代的"富豪们"不再豪横了。

2. 拥有互联网思维

用别人的饭店赚钱，美团做到了；用别人的汽车赚钱，滴滴做到了；用别人的客房赚钱，携程做到了。

3. 数字经济趋势

数字经济时代来了，互联网传统了。数字经济思维是"共识和信任"，势必取代"信息传递"的互联网思维。

4. 数字经济政策

产业数字化、数字产业化已成为国家战略。政府管理与服务数字化、智慧城市、数字乡村正在落地施行。

5. 科技发展导向

区块链底层技术应用，传统思维定式和逻辑一定会被打破，生产和生活必将迎来全方位的变革。

6. 数据流量时代

流量和数据价值将成为企业数字资产，与企业实体资产共生，也将与企业商品价值共生。

美团是谁的，腾讯的；拼多多是谁的，腾讯的；京东是谁的，腾讯的；快手是谁的，腾讯的；滴滴是谁的，腾讯的；58同城是谁的，腾讯的。

每天有10.9亿人打开微信，7.8亿人进入朋友圈。腾讯依托流量和数据，仅以很少的资金控股参股100余家顶级公司，成为"千年老二"。数据和流量就是核弹。

六、物权将成为商品

1. 物权定义

物权是指权利人依法对特定的物享有直接支配和排他的权利，包括所有权、用益物权和担保物权。

物权是直接支配物的绝对权。所谓绝对权，又称为对世权，是指不需义务人为积极行为协助，仅由权利人合法支配行为即能实现的权利，为对世人均得主张其权利之义。物权的本质在于，法律将特定物归属于某权利主体，由其直接支配，享有其利益，并排除他人对此支配领域的侵害或干预。

物权具有直接支配性。所谓直接支配，主要表现为权利人无须借助他人的意思，仅凭自己的意思就能享受特定物的利益，实现其目的和物的价值。

用益物权：《民法典》第十章 第三百二十三条 用益物权人对他人所有的不动产或者动产，依法享有占有、使用和收益的权利。

用益物权是物权的一种，是指非所有人对他人之物所享有的占有、使用、收益的排他性的权利。比如土地承包经营权、建设用地使用权、宅基地使用权、地役权、自然资源使用权（海域使用权、探矿权、采矿权、取水权和使用水域、滩涂从事养殖、捕捞的权利）。

在理论上，用益物权可以划分为如下种类：法定用益物权与意定用益物权、登记用益物权与非登记用益物权、单一主体用益物权与共同主体用益物权、个人用益物权与法人或其他组织用益物权、土地等自然资源用益物权与地上建筑物用益物权、有偿用益物权与无偿用益物权、有确定期间的用益物权与无确定期间的用益物权、自由流通型用益物权与限制流通型用益物权、制定法上的用益物权与习惯法上的用益物权、普通法上的用益物权与特别法上的用益物权。这些分类，不仅具有理论意义，而且具有立法意义。

2. 物权资产

自2011年开始，历经10年，国家投入大量人力、物力进行了全国性确权行动。据国家权威部门统计，仅农村宅基地物权市值近400万亿元。个人、集体、央企、国企、民企等物权资产预估超过5000万亿元。

3. 物权流动

物权只有流动才能产生价值。千万亿级物权的市值流动，将成为中国经济第四极。数字经济大时代，物权的大流通将成为潮流和趋势。现有物权的流动模式，阻碍了价值产生。"物权数字化"将释放海量级物权市值的流动和跨时空交易。企业物权将作为商品进行数字化跨界流通，活化流动资金。

七、物权融资

1. 传统经济思维

因为企业用益物权资产基本无法流动，所以几乎无法依托用益物权融资。

2. 数字经济思维

物权实物数字化、物权交易数字化、物权确权数字化、物权用益数字化。

3. 传统融资模式

企业向银行贷款或向民间借贷，导致融资难、融资贵。

4. 传统融资特点

必须归还本金，必须支付利息，必须准时还本、付息。

5. 物权数字化融资模式

将企业沉睡中的用益物权进行数字化确权和交易，盘活企业流动资金。

6. 物权数字化融资特点

将迎来革命性变革，不用还本、不用付息、没有时间限制。

八、企业生存法则

1. 数字化顶层设计

没有顶层设计的企业，就如同没有图纸而建造的大楼，一定会出现问题，不出问题是侥幸的。顶层设计依托数字经济技术、工具、理念，包括但不限于规划、模式等，依托企业专属物权数字化模型，扩大企业生产力。

2. 数字化价值塑造

明星经济、网红经济是包装出来的，包装的过程就是价值塑造的过程。企业花天价找明星代言其实就是提升公信力。

3. 数字化资源嫁接

数字经济时代跨界"打劫"将成为家常便饭，资源的整合嫁接利用，就是私域流量的最大化。依托数字化技术和手段并结合传统资源才能放大企业资源流量，才能驾驭和活化企业市场。人聚财富来，人去财富走。

九、借鉴成功案例

1. 借鉴是捷径

改革开放以来，我们向欧美国家借鉴，用 40 年超越了欧美 200 年发展成就；QQ 原创、微信原创、种菜原创、QQ 系列游戏原创都是借鉴欧美国家先进经验而产生的。

2. 企业模式创新

改革开放以来，我国民营企业、小微企业超过三千万家，它们占中国国内生产总值的三分之二、税收的三分之二、就业岗位的三分之二。

从小作坊成长为规模化企业，全都是模型创新模式创新的企业。

阿里巴巴、腾讯、拼多多、美团，小罐茶、江小白等都不是科技公司，它们无一例外都是模型模式创新企业。

十、构建专属模型

1. 没有物权资产企业

如何无中生有创造"物权"，形成"物权数字化模型"并进行交易。

2. 有限物权资产企业

建立专属"物权数字化模型"，自行进行"物权数字化"融资。

3. 优质物权资产企业

对优质物权进行"顶层设计、价值塑造、资源嫁接"，自行进行"物权数字化"融资。

4. 巨量物权资产企业

进行"顶层设计、价值塑造、资源嫁接"；通过甄选在物权数字化"经纪"平台开设窗口或频道，进行大众交易。

CHAPTER
TWO

第二章

物权数字化

一、新概念、新业态、新动能

1. 新概念

物权数字化和数证经济都是全新的概念。物权数字化(Property Right Digitization)是建立在物权的基础上，将物权实体数据模型化，进行识别—选择—过滤—存储—使用。引导、实现物权资源的快速优化配置与交易，直接或间接利用数据引导物权资源发挥作用，推动生产力发展，归属于数字经济（Digital Economic）范畴。数证对标物权实物、物权交易、物权确权、物权用益，将产生新的商业概念和模式。

2. 新业态

物权数字化和数证经济都是全新的商业业态，实物、物权、用益物权、产品对标数证，通过数证的便捷确权属性、快速交易属性，带动企业产品销售和市场份额占有，形成企业流量性数字资产。数证将促进权益资产数字化、权益价值数字化、市场资源资本化、价值创造最大化，它是开启共识经济未来的钥匙。

3. 新动能

物权数字化和数证经济都是全新的动能，《民法典》的诞生，"数字产业化、产业数字化"国家战略的提出；"国内经济内循环为主"国家战略的实施，尤其是《民法典》物权编对共有物权、用益物权的法律界定，使"物权+数字化+智能合约"跨界组合成为现实，使"物权数字化"作为拉动经济发展的第四极成为可能。"物权数字化"将释放海量级物权市值的流动和跨时空交易，将"助推企业数字转型、助力企业顶层设计"，将"激活企业物权资产、盘活企业流动资金"，将"拓宽民间投资渠道、降低大众投资门槛"。

二、物权数字化核心价值

同质化的商品是可以等价交换的，其价值来自市场供求关系，而非同质化商品的价值体现来自如何证明其真实性的问题。例如，有人偷走了《富春山居图》，然后复制了一份一模一样的，我们需要找到很多鉴定专家来验证其真伪。如果是真迹，其价值不菲；如果是赝品，就不值钱。但是这个验证的过程耗费巨大，有可能出现鉴定错误。

在过去，这种稀缺性物品的交换是一件"门槛"很高的事情，而物权数字化的出现有效地解决了这个问题。物权数字化利用智能合约技术在区块链上存储和记录其独特的信息：这意味着每生成一个物权数字化，便可以验证存储其中的一个。

物权数字化创建者还可以对细节进行编码，例如丰富的原数据或安全的文件链接。这样的技术能力让我们对诸如真实性、所有权等问题的验证"门槛"降到了非常低的水平，由于验证"门槛"的降低，使得稀缺性物品可以安全、有效和可验证地进行转让和交易。

三、物权数字化商业变革

物权数字化是一场商业变革，它将颠覆几百年来的交易规则和交易逻辑，将颠覆传统商业模式，也将颠覆轰轰烈烈互联网经济的传统模型。

预计在不远的将来，"产品＋数证"交易平台、交易商场，将像雨后春笋一样破土而出。数证将促进企业融入数字经济的时代变革，促进企业依托实物、物权、用益物权等盘活流动资金；依托"产品＋数证"商业模式，扩大市场份额，同时企业形成数字化资产——流量。

四、物权数字化资产重构

传统资产的流动，离不开第三方，需要繁杂的公权力证明资产的真实性并出具证明。需要资产发卖方、资产收购方、公权力平台或者中间商平台同时介入才能完成。这阻碍了资产的便捷流通，使资产交易缓慢、迟滞、低效，造成了交易成本高，甚至出现渠道垄断。

资产只有频繁交易才能产生流通性价值，物权数字化终结了传统资产交易方式，物权实物数证化、物权交易数证化、物权确权数证化、物权用益数证化，非物理属性实物移动，便捷快速实现了资产流通。

五、物权数字化应用落地

密码学的应用促使数证流转和交易极其安全可靠，其流通速度不仅改变了人类的生产和生活方式，而且也大幅降低了交易成本。

数证能够充分市场化和自由化，任何企业可以基于自己的物权资产、资源和服务能力发行权益证明，并运行在区块链上，随时可验证、可追溯、可交换和可交易，重新构造了权益结构。

区块链为数证提供了坚实的信任基础，除了物权实物，不需要任何中心化的信任背书。

数证可以用来管理平台、用益物权投资者分红、鼓励投资者参与社区建设等，维持一个完全去信任化的社群正常运行，一个社群就是一个经济体。

数证是公开透明化的，在区块链上发行具有不可篡改性，能够消除信息不对称。

数证的约束性非常强。由于数证是在区块链上运行，区块链是在互联网上运行，当你要破坏一个数证时，你发行的全部数证都会迅速贬值，只剩下对标物权实物。

六、数字化权益证明（DPOI）新概念

1. 数证概念

物物交换是最原始的数证表现形式，但是由于缺乏一种合理的价值发现方式，以致其被同质化的货币代替，随着区块链技术的出现，这种曾经价值难以捕捉和记录的方式，重新回到人类的进程中。原则上我们认为万物皆可以被数证化，但是没有实际大规模应用场景和价值映射的数证是没有意义和传递价值的。

数证的出现，本质上是降低了交易之前的验证门槛，从而使得交易中的信任成本降得很低，以至在充分释放其价值的流动性的同时，又在交易中保障了其价值的

稀缺性。

在人类历史发展的过程中，最开始的时候我们是以物易物，这个时候每件物品彼此交换的价值完全由对方的需求来决定，交易的双方正好需要对方的物品，于是你的羊皮正好换了我的鸡蛋。狭义来讲，每块羊皮和每个鸡蛋可能都是不一样的，但是区别也许并不那么明显。于是这种同质化的需求交换促使我们创造了货币（等价中间物），使得大家的需求都被锚定到等价中间物上。由此我们看到了货币的演进历史，从贝壳到金融币种、纸币，再到今天电子货币还有未来的数字货币，其本质对应的是一种需求的交换。而数证是什么呢？其实数证的概念一直都存在于人类的历史中。数证是一种记录在区块链里，不能被复制、更换、切分的，用于检验特定数字资产真实性或权利的唯一数据表示，数证可以用来表征某个资产，数证是依附于现有的区块链，使用智能合约来进行账本的记录。这个解释可能会使很多人感到云里雾里，我们做一个剖析，还是以人类历史作为一个参考。人类历史从开始有文明记录以来，是始于某一种符号的，接着是可以复制的文字，我们研究历史的时候往往通过解读当时人类的生活轨迹和留下来的符号记录来推测当时的人类文明情况，而这些符号是那个时代独有的人类文明的记录，也代表着那个独特的历史时期，如果把其放在现在的虚拟世界，这些符号也可以映射成为一个数证。随着人类的发展，文字的出现使得文明变得可以复制化记录，其数证的属性就开始变弱，这一个个重复的文字就变成了同质化的东西，但是文明的表达形式变得复杂了，我们出现各种文明的思想、文明的经典，比如中国历史上的《诗经》《春秋》《道德经》《老子》《孙子兵法》，古巴比伦的《汉谟拉比法典》。这些经典的文明是不可以复制的、是独一无二的，我们也可以将其看成一种数证，再后来我们能够看到各种王羲之的字、黄公望的画等这些类型，还有类似管理某一种权力的代表物，比如管理军队用的虎符、皇帝的玉玺，再推及至今天的房产证、公司的营业执照，其都是唯一的权益、权利的映射，它都可以被看成一种数证。万物皆可数证，但不是每一个数证都值得被赋予很大的价值。也就是说，在我们看来数证是唯一的分割较为困难的一种权利、权益的代名词而已，其核心的价值还是需要回归到其本身所蕴含或者被赋予的那种价值上。我们认可在万物互联时期，虚拟世界和现实世界的平行时空到来时，万物皆可数证，但是万物都做了数证，其实大多也没有太大的实际意义，真正好的数证还是需要回归到其本身的价值，这种价值要么映射的是一种实物资产的权益，要么映射的是一种虚拟资产（精神文明）的权益。

2.数证最主要的特点就是唯一性和不可拆分性

每一个数证各不相同，都是独一无二、无法相互替代的数证。此外，数证不可拆分，不能像加密货币那样拆分成许多份。就好比是演唱会门票一样，不存在半张门票的概念，所以数证做成门票也是十分合适的。数证的创新是将稀缺性引入到加密货币领域，成为与加密货币不同的非同质化加密资产的代表，由此，数字资产不再只是指代加密货币，而是由同质化的加密货币与非同质化的数证代表的加密资产组合而成。

正是由于数证不可拆分且唯一的特性，数证通常会链接到某些特定资产，并用来证明数字物品，比如游戏皮肤、数字收藏品等代表的无形资产所有权和诸如门票、房产证、稀有植物等有形资产所有权。

我们看到数证之所以成功，其主要的原因是区块链技术赋予了其呈现价值和保护价值的基础，使得其价值被区块链技术赋予了唯一性，以至价值被充分体现。同时由于区块链技术的不可篡改性，从而使得数证再被复制的可能性不再存在，价值权益能够被充分地保护，所以其价值被传递和交易的属性又被放大了。因此我们看到数证的成功其实并非商业的成功，而是技术与商业结合的成功，可以说没有技术，数证只是一个如加密卡的概念。但是有了商业的尝试和发展之后，技术也能够迅速地创新，就像5G标准是在手机繁荣发展的过程中出现的一样。

所以数证的出现，其本质是降低了交易之前的验证门槛，从而使得交易的门槛得到了降低；充分释放了其价值的流动性，同时又在交易中保障了其价值的稀缺性。这是数证能够被广泛推广应用的核心原因。

你可以将数证理解成具有特殊性质的数证，可以让你创建独一无二的数字资产。数证这一概念为独一无二且可追踪的产品赋予了数字稀缺性。稀缺性指供给有限（且可控）。无论创建了一个还是一百个数证，每个数证都有其专属ID。由于数证是独一无二且具有稀缺性的数字产品，你可以将任何东西捆绑到数证上。数证有很多重要应用场景。因为数证不可替代的特性，这意味着它可以用来代表独一无二的东西，比如博物馆里的《蒙娜丽莎》原画，或者一块土地的所有权。

当你购买了一份数证，这就代表你获得了它不可抹除的所有权记录和实际资产的使用权。例如你购买了一棵红豆杉，它可以被展示，但只有你是它的实际拥有者。数证是数字世界中"独一无二"的资产，它可以被买卖、被用来代表现实世界中的一些商品，但它存在的方式是无形的。

由于数证的唯一性和可流通性，假如有人侵权或者抄袭，你可以用这个数证来证明你的所有权。你也可以将此售出，你的这个数证在交易中心赚到多少，收入就有多少。

数证是代表实物、物权、用益物权、产品等数字化交易的凭证，代替实物产品物理移动，进行线上移动所有权，符合中国法律，可以像正常商品一样用人民币支付。其对标的是具体实物，不是空气币、虚拟币，没有金融属性，只有基于对标物的增值和贬值属性。"数证"基于区块链底层技术和智能合约的结合，链上永久保存。

数证的特性是独一无二的，是一种独特的、易于验证的数字资产，购买数证（实物数字化权益证明）的一大原因是它的情感价值，这方面数证和实物没有太大区别，除非买家是个完全的功利主义者，只在乎商品的物质价值。现实生活中，没有人买唇彩是出于单纯的需要，大家买它很大程度上是因为唇彩带给他们的快乐感受。另一个购买数证（实物数字化权益证明）的重要原因是它存在增值的空间，可以通过购买和转售数证赚取更多的钱。

七、数证商城

1. "产品 + 数证商城"

数证商城是对标实物资产的数证交易平台。数证商城既可实现实物资产的增值，又可极大地降低交易成本，可以保障在交易过程中的安全性和便捷性。

资产的数字化载体是数证，数证实现了物理世界向数字世界的映射，在呈现形式上，一方面将传统的资产进行数字化，使各种各样的资产可以直接加密；另一方面还没有实现价值的数据要素，可以在数证的世界进行确权和定价。

数证生态升值空间包括以下内容。

（1）物权标的物的增值空间。

（2）类比互联网来估算比特币的网络价值，主要依据是梅特卡夫提出的，网络价值与网络用户数的平方呈正比的关系。以数证的用户数、链上交易数量、链上交易价值等指标作为变量，来构建统计模型。

（3）达维多定律：第一个项目自动占有类似生态50%以上的自由市场。

将优质物权以数证形式展现、发送、交易是一个全面的创新，需要建立新的技术标准，同时需要将优质物权数字化通过数码拍照、视频动图、3D视频等方式转换为数字形式，随后再进行数证加密封装等。

当物权和数证绑定以后，既有数字资产的升值空间，也有实物资产的价值背书，必将产生可观的涨幅。

数证可以保证唯一性，极大地降低了验证门槛，提高流通效率，开创全新的数证生态，必将成为数证与实体经济相结合的典范。

2.区块链在数证场景中的应用与目标要求

区块链通过其独特的上链数据不可篡改性，在数证交易中可以起到保留记录、交易共识、交易存证，以及根据电子化的交易结点和签订的协议自动化地执行。比如物权转移、账户支付等操作，让数证平台更具可信性、安全性。

（1）交易信息存证。

数证双方在数证商城，或通过直接沟通，或通过平台撮合，最终达成数证交易，对其中的交易信息进行存证，可以有效约束数证双方履行数证合约，减少违约发生。同时，对于违约行为也能进行有效的司法维权。

（2）交易账户与存证。

数证双方在数证平台，最终达成数证交易，对其中的交易信息进行存证。同时双方的额度账户就会变化，账户额度也就是用户的资产，用户非常关心其准确性与安全性，因此对账户可信度的提升，可以采用中心化的记账方式与区块链存证相结合的方式，增加账户安全性与可信性。

（3）区块链应用的目的与要求。

区块链应用在数证场景中，就是要充分发挥其去中心化的共识机制，为平台赋能，提升平台安全性与公信力，进而提升交易效率。为此，区块链应用需要满足以下三点要求。

一是保密性。交易系统数据大多涉及用户隐私或者是用户不愿公开的信息，因此在用区块链进行存证时，需要考虑数据的保密性要求。

二是高效率性。交易的数据种类多，数据量大，而且对于平台来说，交易笔数可能会很大，因此在采用区块链技术进行存证、支付管理时，高效性是必须要保证的。在保证安全的前提下，还需具有高效性。

三是数据可用性。这里主要考虑用户对数据的可用性，即用户对于区块链数据及其存证，可以轻松获取（下载）、解密、使用查看等。

八、数证商城法律保障

数证商城用智能合约为基础的数字化构成，包括物联网的信息采集和区块链的溯源检索。整个交易以智能合约的形式进行国家法律承认的公证。法律保障，未来有任何争议可以在互联网法院进行溯源。

1. 交易平台在线公证场景

公证制度是国家司法制度的组成部分，是国家预防纠纷、维护法制、巩固法律秩序的一种司法手段。公证是指公证机构根据自然人、法人或者其他组织的申请，依照法定程序对民事法律行为、有法律意义的事实和文书的真实性、合法性予以证明的活动。

公证机构的证明活动是在发生民事争议之前，对法律行为和有法律意义的文书、事实的真实性和合法性给予认可，借以防止纠纷，减少诉讼。传统的公证方式是线下方式，随着互联网的普及，特别是跨境电子商务的兴起，迫切需要在跨境电商平台中引入在线公证，以提升风控能力。

在交易平台中，有如下三种在线公证场景。

（1）确认企业主体资格。

在企业申请会员的时候，对企业法定代表人以及营业执照进行在线公证。通过人脸活体识别、对比公安部人口库等手段来校验用户是否为企业法定代表人，用于远程身份核验，降低法律风险。

（2）交易过程公证。

在电子合同的签署过程中引入在线公证，实现合同的远程签署，去掉线下往返环节。合同签署流程：① 企业上传格式合同；② 通知合同相关方；③ 合同相关方查看电子合同；④ 人证比对，实名认证；⑤ 完成签署。

在日常商务沟通过程中，还可使用电话录音公证功能，将通话全过程录音且保存在公证处，在需要时可作为证据使用。电话录音流程：① 登录小程序；② 选择电话录音功能；③ 主叫方拨打对方手机或固话；④ 开始通话（过程全记录）；⑤ 通话结束。

数证交易的时候，数证交易方可对数证交易的过程拍摄照片或视频，实时推送至公证处，保全数证交易过程的证据。

实时录播流程：登录小程序→选择实时录播功能→拍摄货物四周确认完整性→拍摄拆包过程→确认无误，录播结束。

（3）国际文书公证。

对于国际业务所需要的商务材料（如营业执照、委托书等公证事项），可实现多语种翻译、在线申请办理公证。

数证交易涉外公证服务平台可协助国内外人员在线发起涉外公证和单双认证申请，依托在全国范围内合作的上百家合作公证处，以及合作外事办认证中心和领馆，简化申请流程。

2.公证的优点

（1）提升平台公信力。

在交易平台中引入在线公证，将使得交易主体资格、线上签约、线下交付都在司法公证的监督之下，大幅度提升平台的公信力。

通过网络安全、存储加密及电子签名等技术组成云端存储系统。该平台的服务器及网络设备均设于公证处机房，使用独立的专用网络，与公证处办公网络环境隔离，且通过 CA 证书、网络账号的实名制登记保障使用用户信息的真实性。信息存储通过加密算法防止存储的电子数据不被窃取、篡改。通过上述特性，平台满足国家相关法规对公证证据的各项要求。

（2）保护商业机密。

原始数据保存在客户本地服务器，对于敏感商业机密，公证处服务器中可仅保存敏感数据的哈希值，从而严格杜绝了商业机密外泄的潜在风险。

（3）流程简便，易于操作。

交易平台可根据不同的风险点制定有针对性的证据保全规则，全路径实时布控，针对不同场景的业务需求自定义配置操作流程，包括前述的线上电子化签约、邮件电话交易全过程全程留痕、企业主体资格确认、验货过程证据保全等，形成全流程闭环。

（4）轻量级接入、轻维护。

本系统分为 PC 端、移动端、公证处存储端三个部分，使用云服务器进行数据存储与数据处理，PC 端、移动端为用户使用，存储部署在公证处，PC 端、移动端与公证处的数据通过云服务器交互。移动端有多种取证模式，支持多种场景，并可直接存证操作，实现 7×24 小时全年无休不间断的随时取证，证据直接保存在公证处，必要时可出具公证书，具有法律效力。

九、数证商城实施方案

1. 背景技术

（1）具有增值属性的固定资产。

数字经济正在蓬勃兴起，越来越多的传统产业正在向数字化转型。传统方式下，以工厂加工为代表的制造业，或者以农场种植为代表的农业，均以实物物品为产出物。

实物物品在流通销售的过程中,其价值是容易衡量的,即物品的价值是指其使用价值,可在买卖合同中约定。

上述所指的实物物品价值是有局限性的,因为存在一类实物物品具有双重价值。如林场种植的名贵植物,不仅其每年的产出物具有使用价值(每年生产的产品可以食用或药用),更重要的是逐年长大的植物本身作为一种固定资产,其具有增值的价值。

显而易见,固定资产的产出物使用价值是容易变现的,即每年的产出物可以直接销售获得收益,但由于固定资产(如植物本身)在其生长周期之内一般是不移动、不流通的,针对增值部分的常见变现方式是将该固定资产在整个生命周期之内的增值价值做评估,然后折现在现期销售。

(2)数证商城。

在现实物理世界中,资产通常可以划分为同质化资产和数证。同质化资产遵循相同的同质化协议,具有可替代性、可交换性、可分割性等特征,如法定货币、投币机中的游戏币、股票、贵金属等,这类资产往往具有固定的价值,在交易过程中只关注它们的数量,而不会关注它们本身的特性。与同质化资产不同,数证具有独特性、不可替代性等特征,如稀有植物、房屋、楼宇、艺术品、游戏装备、数据资产等,这类资产的价值往往不是固定不变的,并且由于其唯一性和稀缺性,其价值可能会出现较大的浮动。

区块链上的数字资产也分为同质化数字资产和非同质化数字资产,其中最常见的同质化数字资产包括比特币、以太坊等"虚拟货币",而数证包括房屋产权、稀有植物等。

基于区块链的数证是一种记录在区块链上的数字资产所有权,具有唯一性、不可替代性、不可分割性等特征。数证通过智能合约来实现其所有权的转移,并通过区块链来记录所有权转移的整个过程。由于区块链具有公开透明、可追溯、防伪造和难以篡改等特性,任何节点都可以查看一个数证的所有交易记录,这就保证了数证交易过程的透明性、难以篡改性和防复制性。

2. 解决方案

（1）通过物联网、位置定位、公证等技术，高效精准地实现对个体化的固定资产赋予唯一标识，以及对该个体的变化过程进行数字化记录。

（2）通过引入电子存证和互联网公证技术，解决数证的"匿名非法授权上链"问题和难以溯源监管的问题。

3. 具体实施方式

将固定实物资产通过物联网和位置定位的方式，将其做数字化的方式变为可分割、可确权、可线上交易、可溯源的数证，这样做的好处是，像名贵植物这样的实物资产可以在早期尚未有实际产出物的时候，就可以根据其数字资产所具有的价值，吸引早期投资者，从而获得早期资金，以便于实物资产的所有者能够对植物做更好的培育。

随着实物资产的不断变化（如植物的不断生长），其实物资产价值也在不断增加，与之对应的数字资产价值也在增加。早期数字化资产的投资者可以将数字资产转卖给下一位的新投资者，从而获得资产增益。

4. 实施思路

（1）通过物联网和位置定位技术，赋予固定实物资产（如植物）中一个唯一的标识，以便于唯一确定该固定实物资产。

（2）对实物资产的变化过程进行数字化采集记录（包括但不限于采集时间、经纬度位置信息、拍摄图片和视频、拍摄人身份信息等）。

物联网技术（包括拍照、摄像以及其他传感器）可以跟踪该固定资产随时间的变化过程，一方面准确记录实物资产的生长过程，另一方面可以避免该固定资产被"调包"。

位置定位技术可以记录拍摄该固定实物资产的位置。

（3）将数字采集记录结果存入区块链，构建不可篡改的数字记录。

（4）将数字采集结果通过可信的传输通道，加上时间戳信息，存入公证服务器。后续可以根据实物资产所有者的请求，公证处服务器调取记录，出具相应的公证书。

5. 展望

数字经济将带动"产品＋数证"销售交易新概念的诞生——数证商城，在交易过程中，企业可以自行设计数证模型，选择但不限于实物、物权、用益物权、利润分红等进行"实体物"对标。

数证的应用范围也非常大。我们知道，现实世界中大部分资产都是数证，而这些资产如果要上链，或者说找到对应的数字形式，那数证将会是最适合的标准，因此我们坚信这是区块链在金融领域之外的第二大应用场景。

第三章

《民法典》赋能物权数字化

一、《民法典》物权编导读

《民法典》的编纂采取"两步走"的工作思路进行：第一步，制定民法总则，作为《民法典》的总则编；第二步，编纂《民法典》各分编。基于我国现实和社会背景，"以人民为中心，切实回应人民法制需求"，《民法典》各分编分别对产权保护、公平交易、人格权保护、婚姻家庭和继承、侵权救济等制度进行了全面补充完善，"与民法总则编一并形成了具有中国特色、体现时代特点、反映人民意愿，体例科学、结构严谨、规范合理、内容协调一致的《民法典》"[1]。

《民法典》物权编调整因物的归属和利用产生的民事关系。它秉持物尽其用的观念，全面规定了所有权、用益物权、担保物权及占有制度，"通过明确物的归属秩序、丰富物的利用方式、达到维护交易安全，促进财富流转的目标"[2]。

相较于《物权法》，《民法典》物权编有不变的方面，也有变化的方面。一方面，《民法典》物权编的编纂是基于较为完备的民事法律规范体系而展开的。《民法典》物权编以《物权法》和《中华人民共和国民法通则》（以下简称《民法通则》）的规定为基础，同时吸纳了《中华人民共和国农村土地承包法》《中华人民共和国城市房地产管理法》《中华人民共和国担保法》《城镇国有土地使用权出让和转让暂行条例》《不动产登记暂行条例》等法律、行政法规和《最高人民法院关于审理建筑物区分所有权纠纷案件具体应用法律若干问题的解释》《最高人民法院关于审理物业服务纠纷案件具体应用法律若干问题的解释》《最高人民法院关于适用〈中华人民共和国物权法〉若干问题的解释（一）》等司法解释的经验。[3]另一方面，《民法典》物权编的规定充分考量了我国现实和社会背景，体现了"中国之问、时代之问、共识之变"[4]。相较于《物权法》，《民法典》物权编增设、修改并完善了部分制度，其中亮点颇多。

---

[1] 张鸣起：《民法典分编的编纂》，载《中国法学》2020年第3期，第5-28页。
[2] 高圣平：《民法典物权编的发展与展望》，载《中国人民大学学报》2020年第4期，第19-29页。
[3] 朱广新：《民法典物权编编纂的历史与体系思考》，载《吉林大学社会科学学报》2019年第1期，第30-38页、219-220页。
[4] 王轶：《民法典之"变"》，载《东方法学》2020年第4期，第40-48页。

因此，本章将从宏观上总结概括《民法典》物权编与《物权法》的不同之处，并基于此分析其中亮点；从微观上，通过解读《民法典》物权编中关于共有物权的规定，分析物权数字化的法理依据和发展趋势。

二、《民法典》物权编亮点

《民法典》物权编亮点颇多，笔者将其归纳为以下九个方面。

第一，修改物权变动与物权保护的规则。其一，删除了受遗赠物权变动的生效时间是继承开始时这一规定。《民法典》物权编第二百三十条规定了因继承取得遗产物权的时间，即："因继承取得物权的，自继承开始时发生效力。"对比《物权法》第二十九条"因继承或者受遗赠取得物权的，自继承或者受遗赠开始时发生效力"的规定，《民法典》物权编删除了因受遗赠物权发生变动时间的内容。《民法典》第一千一百二十四条第二款规定："受遗赠人应当在知道受遗赠后六十日内，作出接受或者放弃受遗赠的表示；到期没有表示的，视为放弃受遗赠。"继承开始时，受遗赠人并不立刻取得物权，在其作出接受或者放弃受遗赠的表示之前，受遗赠人只对遗赠享有债权；在其作出接受遗赠的表示之后，才取得物权。其二，《民法典》物权编第二百三十七条规定"权利人可以依法请……恢复原状"，第二百三十八条规定"权利人可以依法请求损害赔偿"，与《物权法》第三十六条、第三十七条相比，均增加了"依法"二字。恢复原状和损害赔偿作为侵权责任请求权，虽然分别被规定于《民法典》物权编中，但是这两种请求权的法律依据并非来源于物权编。[①]

第二，修改所有权的一般规则。其一，完善不动产的征收规则。与《物权法》相比，《民法典》物权编第二百四十三条对不动产征收的规定更为完善。（1）在征收集体所有的土地的情况下，增加了"及时"支付土地补偿费的规定，以避免长期拖欠土地补偿费的情况发生。（2）将"农村村民住宅"的补偿费用纳入征收集体所有的土地的补偿范围内，更全面地保护民众权益。其二，将"疫情防控需要"纳入

[①] 杨立新、李怡雯：《民法典物权编对物权规则的修改与具体适用》，载《法律适用》2020年第11期，第3-40页。

依法征用组织、个人不动产或者动产的紧急需要的情形中，这结合了防控新冠肺炎疫情实践所总结的经验，也满足了长期疫情防控的需要。其三，增加了"无居民海岛属于国家所有，国务院代表国家行使无居民海岛所有权"的规定。其四，增加了"集体成员有权查阅、复制"集体成员对集体财产的相关资料。其五，增加了"不动产权利人不得违反国家规定弃置固体废物，排放大气污染物、水污染物、土壤污染物、噪声、光辐射、电磁辐射等有害物质"的规定，这是绿色原则在相邻关系中的体现。其六，增加了添附作为所有权取得方式的规定。[1]

第三，修改建筑物区分所有权规则。在日常生活中，由于小区面积较大、业主众多，且《物权法》设定的共同决定事项的通过规则门槛过高，导致业主常常陷入召集业主开会难、通过决议难的困境。[2]因此，《民法典》物权编对建筑物区分所有权的规定作出大量修改，以保护业主权益。笔者认为，最关键的有以下四点。其一，降低了共同决定事项的门槛。"业主共同决定事项，应当由专有部分面积占比三分之二以上的业主且人数占比三分之二以上的业主参与表决"，重大事项"应当经参与表决专有部分面积四分之三以上的业主且参与表决人数四分之三以上的业主同意"，一般事项"应当经参与表决专有部分面积过半数的业主且参与表决人数过半数的业主同意"。其二，强调业主将住宅改变为经营性用房时，应当经有利害关系的业主一致同意。其三，增加了"利用业主的共有部分产生的收入，在扣除合理成本之后，属于业主共有"的规定，一方面鼓励充分利用共有部分，另一方面保护业主的权益。其四，规定物业服务企业或者其他管理人应当"及时答复业主对物业服务情况提出的询问"且"应当执行政府依法实施的应急处置措施和其他管理措施，积极配合开展相关工作"，明确了物业服务企业或者其他管理人服务业主、配合政府的义务。

第四，修改共有规则。本章第三部分"共有物权条款解读"将详细论述《民法典》物权编中有关共有的规则。

---

[1] 杨立新、李怡雯：《民法典物权编对物权规则的修改与具体适用》，载《法律适用》2020年第11期，第3-40页。
[2] 尹飞：《物尽其用：〈民法典〉物权编亮点解析》，载《人民论坛》2020年第18期，第54-57页。

第五，修改用益物权的一般规则。用益物权是指权利人享有的对他人所有的不动产在一定的范围内加以使用、收益的定限物权。《民法典》规定的用益物权包括土地承包经营权、建设用地使用权、宅基地使用权、居住权和地役权。此外，在特别法上，我国亦规定了海域使用权、探矿权、采矿权、取水权、养殖权和捕捞权，而在特别法上规定的用益物权处于公私法交界的地带，与行政管理有关，在此不做过多阐述。用益物权具有以下特征：其一，用益物权属于他物权。他物权是与所有权相对应的概念，即所有人以外的其他人享有的物权、对他人之物享有的物权。用益物权和担保物权同属他物权，但二者存在许多不同之处。对于权利类型而言，用益物权包含土地承包经营权、建设用地使用权、宅基地使用权、居住权和地役权等，担保物权包含抵押权、质权、留置权等；对于权利内容而言，用益物权指向物的实体权，担保物权指向物的价值权；对于权利客体而言，用益物权的客体仅有不动产，担保物权的客体包含不动产、动产和权利；对于法律属性而言，用益物权以独立性为原则，以从属性为例外，担保物权具有从属性；对于权利实现而言，用益物权经设立即实现，担保物权的设立与权利实现相分离。其二，用益物权是以占有、使用、收益为内容的定限物权。定限物权是与完全物权相对应的概念，即它不似完全物权一般包含占有、使用、收益、处分的全部权利，而只能包含其中一部分权利。用益物权是针对物的使用价值的支配权，因此它包含占有、使用、收益的权利，而不包含处分的权利。其三，用益物权是以不动产为客体的物权。因为我国对土地等自然资源实行公有制，私人无法取得它们的所有权，所以有必要在不动产上设定用益物权。

对于用益物权的一般规则而言，明确了用益物权应遵守绿色原则，《民法典》物权编第三百二十六条规定："用益物权人行使权利，应当遵守法律有关保护和合理开发利用资源、保护生态环境的规定。所有权人不得干涉用益物权人行使权利。"其与《物权法》第一百二十条相比，增加了"保护生态环境的规定"，这是绿色原则在用益物权部分的体现。在用益物权部分，《民法典》物权编不仅对用益物权的一般规则进行了修改，也对土地承包经营权、建设用地使用权的规则进行了修改，新增了居住权制度，这三项将在第六、七、八点详述，还对地役权进行了小范围的修改。对于地役权，《民法典》物权编第三百七十八条规定："土地所有权人享有地役权或者负担地役权的，设立土地承包经营权、宅基地使用权等用益物权时，该用益物权人继续享有或者负担已经设立的地役权。"相较于《物权法》第一百六十二条，继续享有或负担已经设立的地役权的主体范围扩大，不仅包括土地承包经营权人和宅基地使用权人，还包括其他类型的用益物权人。《民法典》物权编第三百七十九条明确了只有已设立用益物权的土地设立地役权才须经用益物权人同意，而非其他权利。此外，《民法典》物权编对宅基地使用权并未作出修改。

第六，修改土地承包经营权的规则，体现和巩固了我国新一轮土地制度改革的成果。其一，将"以招标、拍卖、公开协商等方式取得的土地承包经营权"修改为"土地经营权"，且土地承包经营权人可以自主决定依法采取出租、入股或者其他方式向他人流转土地经营权。其二，删除禁止"耕地……集体所有的土地使用权"抵押的规定，允许土地承包经营权和土地经营权进入融资担保领域。"土地承包经营权抵押权的实现主要不采取变价的方式，而采取收益实行的方式，通过土地经营权的流转收益清偿债务，坚守了'无论承包地如何流转，都不能使农民失去承包地'的政策底线。"[①]对于土地经营权，"实现抵押权后，未经法定程序，不得改变土地所有权的性质和土地用途"[②]。其三，在"二轮"承包之后，承包农户仍可继续延包。

第七，修改建设用地使用权的规则，回应民众呼声，关切现实需求。虽然《物权法》第一百四十九条第一款规定了住宅建设用地使用权期间届满自动续期，但是没有明确自动续期之时是否续费这一问题。《民法典》物权编第三百五十九条对此作出了回应，即："续期费用的缴纳或者减免，依照法律、行政法规的规定办理。"待未来法律、行政法规出台具体规定后，便可做好衔接。

第八，新增居住权制度。居住权是指居住权人按照合同约定，对他人的住宅享有占有、使用以满足生活居住需要的用益物权。设立居住权，当事人应当采用书面

[①]高圣平：《民法典物权编的发展与展望》，载《中国人民大学学报》2020年第4期，第19-29页。
[②]高圣平：《民法典物权编的发展与展望》，载《中国人民大学学报》2020年第4期，第19-29页。

形式订立居住权合同。《民法典》出台前，司法实践中已经存在居住权的案件，但是却无相应的法律规范，因此只能通过适用公序良俗条款、将居住权解释为所有权或共同共有权、将居住权解释为债权、将享有居住权作为执行异议的依据、将明知存在居住权仍购买房屋的买受人认定为恶意等方法保护居住权人。[①]《民法典》物权编第三百六十六条至第三百七十一条规定了居住权，对现实有诸多裨益。首先，居住权与购房居住、租房居住共同满足社会对住宅的需求，使"居者有其屋"。其次，居住权作为物权，登记后得以对抗第三人，更加稳定、长久。

有关居住权的规定可以概括为以下四个方面。其一，居住权原则上应当无偿设立，但是当事人亦可另行约定。其二，居住权自登记时设立。其三，居住权不得转让、继承。设立居住权的住宅不得出租，但是当事人另有约定的除外。其四，居住权期限届满或者居住权人死亡的，居住权消灭。对于居住权是否得以转让、继承，设立居住权的住宅是否可以出租的问题，学术界曾有争论，最终《民法典》物权编对此采取否定态度。"住房保障旨在满足低收入群体的居住需求。经济适用房等制度之所以饱受争议，就在于其超出了保障居住需求这一意旨，为特定人员低价取得房屋所有权留下了通道，由此可能让其获得暴利，也为权力寻租提供了空间。"[②]居住权不能转让、继承，设立居住权的住宅不可出租，便杜绝了此种问题，未来或可作为社会福利的住房保障的制度基石。

第九，《民法典》物权编对担保物权规则的完善与商事规范有诸多联系，有利于改善我国的营商环境。首先，《民法典》物权编对担保物权的一般规则作出修改，新增担保物权统一的优先受偿顺序。其一，根据《民法典》物权编第四百一十四条第二款和第四百一十五条，担保物权应当按照以下顺序受偿：已经登记的担保物权按照登记的时间先后确定清偿顺序，已经登记的担保物权先于未登记的受偿，未登记的担保物权按照债权比例清偿。其二，与《物权法》不同，《民法典》物权编第

[①] 曾大鹏：《居住权的司法困境、功能嬗变与立法重构》，载《法学》2019年第12期，第51-65页。
[②] 尹飞：《物尽其用：〈民法典〉物权编亮点解析》，载《人民论坛》2020年第18期，第54-57页。

四百零一条和第四百二十八条对流质条款的态度并非一概否定,而是规定担保物权人可以依法就担保财产优先受偿。其三,《民法典》物权编对抵押权规则作出修改。其一,新增超级优先权的规定。《民法典》物权编第四百一十六条规定:"动产抵押担保的主债权是抵押物的价款,标的物交付后十日内办理抵押登记的,该抵押权人优先于抵押物买受人的其他担保物权人受偿,但是留置权人除外。"这有利于鼓励信用消费,优化动产担保体系。其二,修改了抵押物转让规则,与《物权法》不同,《民法典》物权编第四百零六条承认抵押财产的自由转让,而不必经过抵押权人同意,也不必将转让所得的价款向抵押权人提前清偿债务或者提存。其三,《民法典》物权编对质权规则作出修改。《民法典》物权编第四百四十条将未来的应收账款纳入质押范围,这符合我国金融领域的实践。[①]

三、共有物权条款解读

1. 共有物权条款的新变化

1987年开始实施的《民法通则》第七十八条对共有作出了一般性的规定,具体而言,它确认了共有可以作为财产的所有形式,区分了按份共有和共同共有两种共有形式,规定了共有人的优先购买权。

2007年开始实施的《物权法》第八章专章规定了共有,构建起了共有的规则体系。与《民法通则》相比,《物权法》完善了有关共有概念、共有形式、优先购买权的规则,新增了有关共有物管理、共有物处分或者重大修缮、共有物管理费用负担、共有财产分割、因共有财产产生的债权债务关系、共有关系不明对共有关系性质推定、按份共有人份额不明的确定原则、用益物权和担保物权的准共有的规则。此后,为了正确审理有关共有的物权纠纷案件,2016年开始实施的《最高人民法院关于适用〈中华人民共和国物权法〉若干问题的解释(一)》第九条至第十四条进一步细

[①] 彭诚信:《〈民法典〉物权编的进步、局限与未来》,载《法制与社会发展》2020年第4期,第91—106页。

化了优先购买权的规则。

2020年通过、2021年施行的《民法典》，在物权编第八章专章规定了共有。从整体上看，它沿袭了《物权法》关于共有的规则体系，吸纳了《最高人民法院关于适用〈中华人民共和国物权法〉若干问题的解释（一）》的经验，同时进行了一定程度上的创新。虽然《民法典》物权编的共有规则体系相较于《物权法》的共有规则体系整体上并未发生巨大变动，但是具体规则存在以下三点有实质意义的修改。

第一，共有主体范围的扩大。《民法典》第二百九十七条规定了共有概念和共有形式，即："不动产或者动产可以由两个以上组织、个人共有。共有包括按份共有和共同共有。"它来源于《物权法》第九十三条，但是，《物权法》第九十三条对共有的定义为："不动产或者动产可以由两个以上单位、个人共有"，《民法典》将"单位"修改为"组织"，扩大了共有主体的范围，体现了《民法典》对物权的平等保护。

第二，纳入了共有物变更性质或者用途时的规则。《民法典》第三百零一条规定："处分共有的不动产或者动产以及对共有的不动产或者动产作重大修缮、变更性质或者用途的，应当经占份额三分之二以上的按份共有人或者全体共同共有人同意，但是共有人之间另有约定的除外。"它来源于《物权法》第九十七条，而后者仅规定了共有物的处分和重大修缮时的规则，未涉及《民法典》第三百零一条纳入的共有物变更性质或者用途时的规则。

第三，新增优先购买权的具体形式规则。《民法典》第三百零六条规定了优先购买权的具体行使规则："按份共有人转让其享有的共有的不动产或者动产份额的，应当将转让条件及时通知其他共有人。其他共有人应当在合理期限内行使优先购买权。两个以上其他共有人主张行使优先购买权的，协商确定各自的购买比例；协商不成的，按照转让时各自的共有份额比例行使优先购买权。"《物权法》仅规定了优先购买权，但并未规定优先购买权的行使规则。《最高人民法院关于适用〈中华人民共和国物权法〉若干问题的解释（一）》的规定在一定程度上填补了这一空白，但是仍有一些问题在理论上与实务中产生了很大的争议。《民法典》第三百零六条结合近年来理论与实务所凝结的共识,明确了优先购买权的具体行使规则。

除上述三点外,《民法典》对其他有关共有的规则中的部分条文进行了语言文字上的修改。

2. 共有物权的规则体系

以所有权主体的单数或复数为标准,财产的所有形式可以分为单独所有和共有两种。单独所有是指一个主体单独享有对某项财产的所有权,共有是指两个或两个以上的主体共同享有某项财产的所有权。共有是社会经济生活中大量存在的财产形式,如夫妻共同财产便可能涉及共有法律关系。

《民法典》第二百九十七条至第三百一十条规定了共有。其中,我国确认了按份共有和共同共有两种共有形式,二者有相同之处,可以适用关于共有的一般性规范,也有不同之处,需要遵循各自的具体化规则。在按份共有和共同共有的二分体系上,我国《民法典》确立了有关共有人的权利与义务、共有的所有权、共有物管理、共有物分割、因共有物产生的债权债务等规则。这些规则共同构成了《民法典》关于共有的规范群。

3. 共有的含义

《民法典》第二百九十七条规定了共有概念和共有形式:"不动产或者动产可以由两个以上组织、个人共有。共有包括按份共有和共同共有。"共有是指两个以上民事主体对同一个物享有所有权。基于所有权的排他性,共有关系中只能存在一个由多人共同享有的所有权,而非存在多个所有权。

根据《民法典》第二百九十七条的规定,可以将共有的含义总结为以下三方面。第一,在主体方面,同一不动产或动产可由两个以上权利主体共同所有。权利主体可包括"组织"和"个人"。第二,在内容方面,共有人对共有物享有权利、承担义务。但是,享有权利的范围、承担义务的限度根据共有类型的不同、共有人之间的约定而不同。每个共有人都对共有物享有物权，这就意味着每个共有人占有、使用、收益、处分共有物的权利不受他人干涉。但是共有人的物权也受到共有关系本身的限制，在行使权利时，必须由全体共有人协商处理。第三，在客体方面，共有的客体是特定的。不论是按份共有，还是共同共有，每个共有人的权利都基于整个共有财产。

《民法典》第二百九十七条至第三百一十条所规定的共有适用于物权。除共有物权外，亦存在债权共有、知识产权共有、股权共有等，但这些共有关系应当根据相关法律研究。

4. 按份共有

（1）按份共有的含义。

《民法典》第二百九十八条规定了按份共有的含义："按份共有人对共有的不动产或者动产按照其份额享有所有权。"根据《民法典》第二百九十八条，按份共有是指两个或两个以上的共有人按照各自的份额对共有财产享有权利和承担义务的一种共有关系。按份共有除了满足上述关于共有的含义外，最关键的在于按份共有人按照份额享有所有权。份额不同，按份共有人所享有的权利和承担的义务也不同，换言之，按份共有人所享有的权利根据其份额确定，承担的义务也根据份额确定。

但是，按照份额享有所有权不能狭隘地理解为分别所有，即每个按份共有人的权利只局限于其份额所对应的某一部分财产上。因为按照份额享有所有权的"份额"是抽象意义上的份额，而不是在实在意义上对物分割产生的份额，所以不能与共有物的各个部分一一对应。只有当共有人根据《民法典》第三百零三条和第三百零四条的规定分割共有物后，才会转化为实在意义上的份额。

（2）按份共有份额的确定方式。

《民法典》第三百零九条规定了按份共有确定份额的方式："按份共有人对共有的不动产或者动产享有的份额，没有约定或者约定不明确的，按照出资额确定；

不能确定出资额的，视为等额享有。"确定按份共有的份额时，应当有顺序地适用以下三种方法：第一，若按份共有人曾就各自对共有物即享有的份额作出约定，则其可以按照约定享有相应份额；第二，若按份共有人未就各自对共有物即享有的份额作出约定，或约定不明确，则应当按照出资额确定其享有的份额；第三，若不能确定出资额，则视为各个按份共有人等额享有。

关于出资额是仅仅包括共有关系成立时的原始出资额还是也包括共有关系成立后的后续出资额这一问题，《民法典》第三百零九条并未明确规定，但是既然其没有排除后续出资额，应当被理解为在共有关系存续期间内的一切出资额，即包括原始出资额和后续出资额。

（3）按份共有人的权利与义务。

第一，按份共有人对共有财产享有占有、使用、收益的权利。按份共有人享有共有财产的所有权，即对共有财产占有、使用、收益、处分的权利。一方面，按份共有人应当按照其份额对共有财产享有权利。以收益的权利为例，按份共有人享有的份额越多，其享有的收益权利便越大，最终分得的收益占比越大。另一方面，与收益的权利不同，占有和使用的权利很难量化，因此，按份共有人应当对如何利用共有财产进行协商，按份共有人应当根据协商的结果占有和使用共有财产，不应超出自身权利范围。否则，便可能侵犯其他按份共有人的权利，最终承担不当得利返还、损害赔偿等后果。

第二，按份共有人有权按照约定管理或共同管理共有财产的权利。《民法典》第三百条对共有人管理共有物作出规定："共有人按照约定管理共有的不动产或者动产；没有约定或者约定不明确的，各共有人都有管理的权利和义务。"本条所规定的管理，是指"对共有物的保存、使用、简单改良与修缮等行为"[1]，而处分、重大修缮、改变性质或者用途不属于管理。按份共有人对共有物的管理方式分为两种，即协议管理和共同管理，协议管理应当优先于共同管理。相应地，按份共有人亦应

---

[1]《中华人民共和国民法典理解与适用》，北京，人民法院出版社，2020。

当承担按照协议管理或共同管理共有财产的义务。管理共有财产作为一种义务，包含多项内容。例如，共有人有义务为了全体共有人的利益应当对共有物进行简单修缮，共有人应当在使用时应尽注意义务以避免共有物的损毁。

《民法典》第三百零二条对共有物的管理费用以及其他负担作出规定："共有人对共有物的管理费用以及其他负担，有约定的，按照其约定；没有约定或者约定不明确的，按份共有人按照其份额负担，共同共有人共同负担。"共有物的管理费用，是指"因共有物的保存、改良或利用行为所产生的费用"[1]。其他负担，是指"税费、保险费、共有物致害他人所应支付的损害赔偿金等各类公法上或私法上的负担"。按份共有人负担共有物的管理费用以及其他负担，应当有顺序地适用以下两种方法：一是按份共有人对此有约定的，按照约定负担；二是按份共有人对此没有约定或约定不明确的，按照其份额负担。对于按份共有人负担共有物的管理费用以及其他负担超出其按约定或按份额应当负担的范围时，应当根据《民法典》第三百零七条向其他按份共有人进行追偿。

第三，按份共有人享有物权请求权。按份共有人对共有物享有所有权，因此可以适用物权请求权。当其物权受到侵害时，可以适用《民法典》第二百三十五条规定的返还原物请求权或第二百三十六条规定的排除妨害请求权和消除危险请求权对其物权进行保护。

第四，按份共有人有权处分其共有份额。当按份共有人处分其共有份额时，其他按份共有人享有优先购买权。《民法典》第三百零五条规定："按份共有人可以转让其享有的共有的不动产或者动产份额。其他共有人在同等条件下享有优先购买的权利。"

第五，全体共有人有权处分共有财产，可以对共有物进行重大修缮、变更用途或性质。

《民法典》第三百零一条对共有物的处分、重大修缮、变更性质或用途作出规定：

---

[1]《中华人民共和国民法典理解与适用》，北京，人民法院出版社，2020。

"处分共有的不动产或者动产以及对共有的不动产或者动产作重大修缮、变更性质或者用途的，应当经占份额三分之二以上的按份共有人或者全体共同共有人同意，但是共有人之间另有约定的除外。"对于共有物的处分、重大修缮、变更性质或用途，应首先遵循共有人的约定，若共有人之间没有约定，则应当经占份额三分之二以上的按份共有人同意。同一共有物的处分、重大修缮、变更性质或用途与共有人存在重大利害关系，例如，共有物的处分可能导致物权的移转或在共有物上设置他物权，共有物的重大修缮可能需要共有人承担数额较大的修缮费用、可能会导致改变共有物的结构、可能对共有人利用共有物造成不便，变更性质或用途可能会增加或降低共有物的效益、可能改变共有物的利用方式等。因此《民法典》对此采取了审慎的态度，按份共有中采多数决，共同共有中采一致同意决。[①]之所以在按份共有中采多数决而非一致同意决，这是基于对按份共有和共同共有的区别和共有财产效益发挥的考量。

（4）共有类型的推定。

《民法典》第三百零八条规定了共有类型的推定："共有人对共有的不动产或者动产没有约定为按份共有或者共同共有，或者约定不明确的，除共有人具有家庭关系等外，视为按份共有。"确定共有类型应当有顺序地适用以下三种方法：第一，共有人对共有类型作出约定的，按照其约定；第二，共有人没有约定或约定不明确，但共有人具有家庭关系的，应当推定为共同共有；第三，共有人没有约定或约定不明确，且不具有家庭关系的，应当推定为按份共有。换言之，根据本条规定，应当将按份共有作为一般类型，而将共同共有作为特殊类型。这主要基于三点原因：第一，按份共有对共有物的利用更加有效、对共有物的分割更加方便、对共有物的管理更加灵活、对共有物的处分更加便利，因此，推定为按份共有能更大限度地使共有物发挥效益。第二，共同共有对其成立的基础关系要求较高，例如，共同共有关系往往基于家庭关系。第三，共同共有承担的责任更重，例如，按份共有人按照其份额

[①] 《中华人民共和国民法典理解与适用》，北京，人民法院出版社，2020。

负担共有物的管理费用和其他负担，而共同共有人应当共同负担，因此应当限缩认定为共同共有的情况。

5. 共同共有

（1）共同共有的含义。

《民法典》第二百九十九条规定了共同共有："共同共有人对共有的不动产或者动产共同享有所有权。"根据《民法典》第二百九十九条，共同共有是指两个以上的民事主体根据某种共同关系而对某项财产不分份额地共同享有权利并承担义务。共同共有与按份共有的区别有以下两点：第一，共同共有是根据某种共同关系而产生的，以共同关系的存在为前提。最常见的产生共同共有的共同关系是夫妻关系、家庭关系、共同继承的关系。虽然在社会经济生活中夫妻关系、家庭关系为最常见的共同关系，但是并不意味着共同共有不能因约定而产生。一旦这种共同关系丧失，共同共有的前提便不复存在，共同共有人便可以主张对共有物的分割。第二，共同共有不分份额，所有共同共有人平等地享有权利、承担义务。需要注意的是，虽然共同共有不分份额，但是当共同共有关系结束时亦可确定各共同共有人的份额。

（2）共同共有人的权利与义务。

与按份共有人相似，共同共有人也对共有财产享有占有、使用、收益的权利，享有按照约定管理或共同管理共有财产的权利，享有物权请求权，享有全体共有人处分共有财产、对共有物进行重大修缮、变更用途或性质的权利。但是，共同共有也与按份共有存在不同之处。第一，由于共同共有人并不按照份额享有权利、承担义务，而是共同享有权利、承担义务，因此《民法典》没有规定共同共有人处分其共有份额的权利和优先购买权。第二，共有人对共有物进行处分、重大修缮、变更用途或性质，且对此没有约定时，需经全体共同共有人同意方能作出最后决定，这考虑到了共同共有关系的特殊性，有利于维护共同共有关系、保护共同共有人的权益。

相应地，共同共有人也共同对共有财产承担义务。根据《民法典》第三百零二条的规定，没有约定或约定不明确时，共同共有人共同负担共有物的管理费用以及其他负担,所谓"共同负担"是指不按照份额的负担。

6. 共有法律关系的内外部效力

《民法典》第三百零七条对因共有物产生的债权债务如何享有和负担这一问题作出规定:"因共有的不动产或者动产产生的债权债务,在对外关系上,共有人享有连带债权、承担连带债务,但是法律另有规定或者第三人知道共有人不具有连带债权债务关系的除外;在共有人内部关系上,除共有人另有约定外,按份共有人按照份额享有债权、承担债务,共同共有人共同享有债权、承担债务。偿还债务超过自己应当承担份额的按份共有人,有权向其他共有人追偿。"因共有物产生的债权债务包含合同之债、不当得利之债、无因管理之债和侵权之债,其中合同之债和侵权之债更为常见。由于共有关系存在于共有人之间,属于内部的关系,而共有人之外的第三人很有可能并不知悉共有人之间的内部关系,因此,因共有物产生的债权债务应分为内外两个方面分别处理、区别对待。

(1)外部效力。

在对外关系上,共有人享有连带债权、承担连带债务,但是法律另有规定或者第三人知道共有人不具有连带债权债务关系的除外。对外关系指共有人与第三人之间的关系。在对外关系中,不论是按份共有还是共同共有,因共有物产生的债均属于连带之债。

《民法典》第五百一十八条对连带之债作出规定:"债权人为二人以上,部分或者全部债权人均可以请求债务人履行债务的,为连带债权;债务人为二人以上,债权人可以请求部分或者全部债务人履行全部债务的,为连带债务。连带债权或者连带债务,由法律规定或者当事人约定。"将因共有物产生的债定性为连带之债便意味着,部分或者全部债权人均可以请求债务人履行债务,或者债权人可以请求部分或者全部债务人履行全部债务。以连带债务为例,其法律效果可以做以下四个方面的理解:第一,各个债务人都负有履行全部债务的义务;第二,只履行自己部分的债务、其他债务人仅清偿一部分、自己已经破产等,不能成为拒绝负担全部给付义务的理由；第三，债权人可以选择同时或先后向数个债务人提出请求，选择向部分或全部债务人提出请求，选择请求债务人履行部分或全部债务；第四，任何一个连带债务人全部清偿，都将导致债的消灭。

与其他共有相关规定不同的是，本条未规定共有人可以意思自治，这是因为法律规定的连带之债不允许当事人约定排除，以此给债权人更周延的保障。但是，共有人对外享有连带债权或承担连带债务亦有例外，即法律另有规定或者第三人知道共有人不具有连带债权债务关系的情况。对于"法律另有规定的"，应当理解为：法律对因共有物产生的债做了不同于本条的规定，即规定它并非连带之债。对于"第三人知道共有人不具有连带债权债务关系的"，应当理解为：在债发生之前，第三人已经知道了共有人之间的责任分担情况。在这两种情况下，在对外关系上，因共有物产生的债不认定为连带之债。

（2）内部效力。

在共有人内部关系上，首先应当考量共有人之间的约定。若无约定，则按份共有人按照份额享有债权、承担债务，共同共有人共同享有债权、承担债务。

偿还债务超过自己应当承担份额的按份共有人，有权向其他共有人追偿。按份共有关系中，其外部效力和内部效力均与连带之债相同。《民法典》第五百一十九条第二款、第三款规定了连带债务的追偿权："实际承担债务超过自己份额的连带债务人，有权就超出部分在其他连带债务人未履行的份额范围内向其追偿，并相应地享有债权人的权利，但是不得损害债权人的利益。其他连带债务人对债权人的抗辩，可以向该债务人主张。被追偿的连带债务人不能履行其应分担份额的，其他连带债务人应当在相应范围内按比例分担。"但是，由于《民法典》第三百零七条仅规定了偿还债务超过自己应当承担份额的按份共有人享有追偿权，却没有如《民法典》第五百一十九条第二款一样规定"在其他连带债务人未履行的份额范围内向其追偿""（实际承担债务超过自己份额的连带债务人）相应地享有债权人的权利""（追偿）不得损害债权人的利益"和"其他连带债务人对债权人的抗辩，可以向该债务人主张"，也没有如《民法典》第五百一十九条第三款规定"被追偿的连带债务人不能履行其应分担份额的,其他连带债务人应当在相应范围内按比例分担"。所以,在适用法律时不免疑问:按份共有人的追偿权能否参照适用《民法典》第五百一十九条第二款、第三款?笔者认为,按份共有人的追偿权可以参照适用《民法典》第五百一十九条第二款、第三款。因共有物产生的债属于法律所规定的连带之债,《民法典》第三百零七条是对因共有物产生的债的特别规定,《民法典》第五百一十八条和第五百一十九条是对连带之债的一般规定。当《民法典》第三百零七条没有对连带债务人追偿权的具体行使规则作出规定时,便应当适用《民法典》第五百一十九条第二款、第三款的一般规定。

结合《民法典》第三百零七条和第五百一十九条第二款、第三款,可以对按份共有人追偿权的具体适用规则做以下四点理解:第一,"实际承担债务超过自己份额的按份共有人"明确了追偿权的范围,只有当实际承担债务超出自己份额时,才能向其他按份共有人追偿,否则只是在履行根据自己的份额应当承担的债务。第二,当按份共有人实际承担的债务超过自己份额后,该按份共有人便享有债权人的权利。换言之,该按份共有人不仅享有主债权的权利,也享有从权利,如保证。因此,该按份共有人不但可以向其他按份共有人追偿,也可以向保证人主张权利。与享有债权人的权利相对应,其他按份共有人对债权人的抗辩,可以向该按份共有人主张。第三,按份共有人行使追偿权不得损害债权人的利益。这主要涉及债的部分履行的情况,当该按份共有人和债权人同时向其他按份共有人或保证人主张权利时,该按份共有人的追偿权应当略后于债权人,换言之,若其他按份共有人的财产不足以同时完全履行该按份共有人向其追偿的债务和债权人向其主张的债务时,其他按份共有人应当先尽可能地履行债权人向其主张的债务。第四,被追偿的其他按份共有人不能履行其应分担份额的,其他按份共有人应当在相应范围内按比例分担。这有助于保障实际履行的连带债务人的权利,避免其独自承担被追偿的连带债务人不能履行的债务份额。

所以,偿还债务超过自己应当承担份额的按份共有人,有权就超出部分在其他共有人未履行的份额范围内向其追偿,并相应地享有债权人的权利,但是不得损害债权人的利益。其他共有人对债权人的抗辩,可以向该共有人主张。被追偿的共有人不能履行其应分担份额的，其他共有人应当在相应范围内按比例分担。

至于共同共有人之间是否存在追偿权，笔者认为，根据文义解释，共同共有人共同享有债权、承担债务，意味着共同共有人在内部关系上不分份额。如此，便不存在超出自己应当承担的份额的追偿问题。此外，由于共同共有关系常常基于共有人之间的共同关系，这种关系往往更加紧密，如夫妻关系、家庭关系等。因此，若共有人希望享有追偿权则可通过约定来实现此安排，否则应推定为无须追偿。

7. 共有物的分割

（1）共有物分割请求权。

《民法典》第三百零三条规定了共有物的分割请求权："共有人约定不得分割共有的不动产或者动产，以维持共有关系的，应当按照约定，但是共有人有重大理由需要分割的，可以请求分割；没有约定或者约定不明确的，按份共有人可以随时请求分割，共同共有人在共有的基础丧失或者有重大理由需要分割时可以请求分割。因分割造成其他共有人损害的，应当给予赔偿。"根据本条规定，共有物的分割必须依据当事人的请求，法院不能在当事人未请求分割共有物时作出相反的判决。同时，共有物分割请求权应当结合以下三点理解。

首先，应当尊重共有人的意思自治，当共有人约定不得分割或可以分割共有物时，应当按照约定。在约定不得分割的情况下，有重大理由需要分割的，仍然可以请求分割。此处的"重大理由"通常指继续维持共有关系会严重损害共有人的利益，如共有财产出现重大亏损、若共有财产不分别管理可能会产生重大损害、共有关系难以维系等原因。

其次，在共有人没有约定或者约定不明确的情况下，按份共有人可以随时请求分割，共同共有人在共有的基础丧失或者有重大理由需要分割时可以请求分割。因为按份共有与共同共有相比，共有人之间的联系不具有紧密性和人身性，[1]所以可以

---

[1]《中华人民共和国民法典理解与适用》，北京，人民法院出版社，2020。

随时请求分割。而共同共有人分割请求权的条件更高。"共有的基础丧失"是指共有关系的丧失，例如，当夫妻离婚时，夫妻丧失了共同财产的共有基础，故可以请求分割共有物。此处的"重大理由"与《民法典》第三百零三条第一款前半句的"重大利益"不完全相同。前者主要是指"维持生活支出、医疗、教育等费用支出的事由"[①]，关注点在于请求分割的共有人自身；后者关注点在于共有财物本身的状况和维持共有关系对共有人经济利益的影响。

最后，因分割造成其他共有人损害的，应当给予赔偿。在部分情况下，分割共有财产可能会使财产价值降低、功能削弱甚至丧失，这便会给其他共有人造成损害，此时应当由行使分割请求权的共有人进行赔偿。

（2）共有物的分割方法。

《民法典》第三百零四条第一款规定了共有物的分割方法："共有人可以协商确定分割方式。达不成协议，共有的不动产或者动产可以分割且不会因分割减损价值的，应当对实物予以分割；难以分割或者因分割会减损价值的，应当对折价或者拍卖、变卖取得的价款予以分割。"根据《民法典》第三百零四条第一款的规定，首先，应当尊重当事人的意思自治，协商确定分割方式。虽然法律明确规定了共有物的几种分割方法，但是，共有物的分割方法不以法律规定为限，只要当事人之间能够就某一方法达成一致，便可使用该方法分割。其次，若达不成协议，应当适用法定的分割方式。具体而言，分割方法主要有以下三种：第一，实物分割。能进行实物分割的一般是可分物，所以其可以分割且不会因分割减损价值。第二，变价分割，即对折价或者拍卖、变卖取得的价款予以分割。当共有物难以分割或者因分割会减损价值，且没有共有人愿意接受共有物时，应当将共有物变价，共有人分割价金。第三，作价补偿。当共有物难以分割或者因分割会减损价值，但有共有人愿意接受共有物时，可以由该共有人取得共有物，但是该共有人应对其他共有人作价补偿。

---

① 最高法民终 502 号案。

（3）共有物的分割效力。

共有物分割之后，共有关系丧失。但是，原共有人仍有义务承担原共有物的瑕疵担保责任。《民法典》第三百零四条第二款规定："共有人分割所得的不动产或者动产有瑕疵的，其他共有人应当分担损失。"本款所规定的"瑕疵"指瑕疵担保责任，包括物的瑕疵担保责任和权利瑕疵担保责任。承担瑕疵担保责任的方法通常为赔偿或降价。

8. 优先购买权

（1）优先购买权相关规定。

《民法典》第三百零五条规定："按份共有人可以转让其享有的共有的不动产或者动产份额。其他共有人在同等条件下享有优先购买的权利。"第三百零六条规定："按份共有人转让其享有的共有的不动产或者动产份额的，应当将转让条件及时通知其他共有人。其他共有人应当在合理期限内行使优先购买权。两个以上其他共有人主张行使优先购买权的，协商确定各自的购买比例；协商不成的，按照转让时各自的共有份额比例行使优先购买权。"两个条款共同构成了按份共有关系中优先购买权的规则体系。其中，《民法典》新增的第三百零六条规范了优先购买权的具体行使规则，解答了理论与实务中的困惑。

（2）行使条件。

优先购买权的行使条件为按份共有人转让其共有份额，这种转让应当具备以下几个特点：其一，适合同意义上的转让；其二，转让应为有偿，以共有份额抵债亦可视为有偿转让；其三，非共有人之间的转让。

同时，其他按份共有人行使优先购买权，应当在同等条件下行使。至于如何理解同等条件，应当主要考量以下三个因素：转让的价款、付款的方式和付款的期限。此外，转让共有份额的合同应当是合法有效的合同，转让人与第三人不应当恶意串通。

（3）通知义务。

按份共有人转让其份额应当将转让条件及时通知其他按份共有人。对于通知，应当把握以下四点：其一，通知义务在转让人与第三人订立合同时产生；其二，通知的内容应当包含转让条件；其三，通知的时间应当是订立合同后的合理期限之内，即一个理性之人可合理期待的期限之内，以满足及时通知的要求；其四，若转让人未通知，则产生优先购买权的行使期间不开始计算、转让人对其他按份共有人承担赔偿责任。

（4）行使期间。

其他按份共有人应当在合理期限内行使优先购买权。但是，若转让人未通知其他按份共有人，则应当区分情况判断。第一，若其他按份共有人知道转让人与第三人签订合同转让其份额，则其他按份共有人应当在合理期限内行使优先购买权；若其他按份共有人不知道转让人与第三人签订合同转让其份额，则不受合理期限的限制，但是为了维护交易安全，仍不能超过一个最长期限。《民法典》第三百零六条对"合理期限"和行使优先购买权的最长期限的具体时间并无规定，故应当适用《最高人民法院关于适用〈中华人民共和国物权法〉若干问题的解释(一)》第十一条的规定，即："优先购买权的行使期间，按份共有人之间有约定的，按照约定处理；没有约定或者约定不明的，按照下列情形确定：（一）转让人向其他按份共有人发出的包含同等条件内容的通知中载明行使期间的，以该期间为准；（二）通知中未载明行使期间，或者载明的期间短于通知送达之日起十五日的，为十五日；（三）转让人未通知的，为其他按份共有人知道或者应当知道最终确定的同等条件之日起十五日；（四）转让人未通知，且无法确定其他按份共有人知道或者应当知道最终确定的同等条件的，为共有份额权属转移之日起六个月。"

（5）行使方式与行使效果。

优先购买权的行使方式分为非诉讼方式和诉讼方式两种。通过非诉讼方式行使优先购买权时，有关行使优先购买权的意思表示到达相对人即可；通过诉讼方式行使优先购买权时，则需要起诉状副本送达相对人。优先购买权作为形成权，当意思表示到达相对人或起诉状副本送达相对人后，转让人与第三人的合同即转让给转让人与优先购买权人。

但是，当多个共有人的优先购买权发生竞合，即两个以上其他共有人主张行使优先购买权时，首先应当协商确定各自的购买比例；若协商不成，则按照转让时各自的共有份额比例行使优先购买权。

实践中，转让共有份额的方式多种多样，除签订普通的买卖合同之外，可能还存在通过拍卖等方式转让共有份额的情形。在此类情形下，则不适用《民法典》第三百零五条和第三百零六条，而应当运用其他规则，但是其他共有人仍然享有优先购买权。

9. 准共有

《民法典》第三百一十条规定了准共有："两个以上组织、个人共同享有用益物权、担保物权的，参照适用本章的有关规定。"准共有，又称他物权的共有。因为共有原则上应当指所有权的共有，但他物权也可能出现共有的情形，因此，《民法典》第三百一十条规定用益物权、担保物权的共有可以参照适用共有的相关规定。但是，若他物权的共有存在特别规定，则应当适用该特别规定；只有当规范他物权的法律对于其共有情形没有规定时，才能参照适用共有的相关规定。

四、物权数字化交易法理依据

物权数字化是建立在物权的基础上，将物权实体数据模型化，进行识别、选择、过滤、存储、使用。引导、实现物权资源的快速优化配置与交易，直接或间接利用数据引导物权资源发挥作用，推动生产力发展，归属于数字经济范畴。

除了技术手段，物权数字化的性质应属按份共有，这是因为物权数字化符合按份共有的概念。《民法典》第二百九十八条规定："按份共有人对共有的不动产或者动产按照其份额享有所有权。"其一，物权数字化模式下，同一不动产或动产可以为两个以上的主体共同所有，满足按份共有的主体要件。虽然物权数字化对权利配置和交易手段进行了创新，为有使用、交易或投资意愿的用户提供便利的平台，但是它本质上仍然是多个实在的主体形成按份共有关系。其二，物权数字化模式下，共有人对共有物按照份额享有权利、承担义务，满足按份共有的内容要件。各个用户的使用、交易或投资需求各有不同，购买的份额也有所不同，据此，各按份共有人对共有物所享有的份额决定了其权利的大小和义务的大小。例如，若三位共有人共有一套房屋，他们所享有的份额分别是 50%、30%、20%，三位按份共有人将房屋出租，除另有约定外，则三位共有人各分得租金的 50%、30%、20%。其三，在客体方面，物权数字化模式下，共有的客体是特定的，满足按份共有的客体要件。例如，三位共有人共有一套房屋，那么这套房屋即是特定的共有的客体。

五、依法依据创新物权数字化

1. 物权数字化的优势与可能的风险

（1）物权数字化的优势。

第一，物权数字化模式有稳定的利用机制。物权数字化的性质属于按份共有，其本质是物权。相较于债权，物权的优势在于它更加稳定。具体到物权数字化的模式中来，按份共有人可以稳定地利用共有物。

从物权的特征来看，物权数字化的模式下，按份共有人可以拥有稳定的利用机制。其一，物权具有对世性。按份共有人对共有物享有占有、使用、收益、处分的权利，任何人不得侵犯。其二，物权具有支配性。按份共有人可以共同协商支配共有物。其三，物权的客体具有特定性。按份共有人共有某一特定物。其四，物权具有绝对性。在按份共有人取得物权的所有权后，不需要义务人的协助即可自己实现物权。其五，物权具有排他性。一物一权，不受侵犯。

我国法律体系保护物权数字化模式下用户的权益。首先，按份共有适用物权的一般规定和所有权的规定。例如，当物权受到他人侵犯时可以适用有关物权保护的规定，请求相对人承担返还原物、排除妨害、消除危险、修理、重作、更换、恢复原状或损害赔偿等民事责任。再如，一旦按份共有人进行不动产登记，则其权利可以对抗第三人，无处分权人将不动产转让给受让人的，所有权人有权追回。其次，按份共有相关的规则亦可以保障按份共有人稳定地利用共有物，《民法典》物权编用一章的篇幅对按份共有的概念、按份共有人的权利义务、共有法律关系的内外部效力、共有物的分割等作出明确规定，基本上覆盖了按份共有关系中可能发生的一切法律问题。最后，《民法典》体系和整个法律体系周延地保护按份共有人的权利。除《民法典》物权编外，按份共有人的权利亦受《民法典》其他各编乃至整个法律体系的保护。例如，若他人侵害按份共有人的权利，其法律关系便可根据《民法典》侵权责任编调整。再如，《中华人民共和国刑法》亦保护公民的合法财产。

物权数字化并不会影响到用户对物的占有和使用。用户作为按份共有人，可以根据按份共有合同的约定利用物；若合同未约定，则各共有人根据其份额，在合理范围内占有和使用共有物即可。物权数字化模式下，按份共有人按照份额享有物的所有权，并不意味着对物权的克减，其享有的仍是所有权，因而并不存在因为多主体共有导致按份共有人无法占有和使用共有物的情形。

第二，物权数字化模式有可观的收益机制。物权数字化模式为民众提供了新的投资方式。按份共有人对共有物享有收益的权利。物权数字化模式为用户利用共有物进行收益提供了多种便捷、安全的渠道，满足了用户的投资需求。一方面，物权数字化模式下，用户可以与平台签订合同，约定物的利用方式以获取收益。例如，用户可以委托平台将各按份共有人所享有的份额整合，或统一经营以获取利润，或进行租赁以获取租金。另一方面，物权数字化模式下，用户通过投资可达到保值、增值的目的。当用户希望出卖自己所享有的共有份额获取收益时，平台亦可以提供高效、便捷的渠道，帮助该用户转让其共有份额。

第三，物权数字化模式有合理的退出机制。物权数字化模式不会限制用户退出共有关系。物权数字化性质为按份共有，因此，当用户希望退出共有关系时，可以适用《民法典》第三百零五条之规定，即"按份共有人可以转让其享有的共有的不动产或者动产份额。其他共有人在同等条件下享有优先购买的权利。"因此，按份共有人可以自由地转让其享有的份额。同时，其他共有人对物的共有也不会因为部分共有人的退出而受到影响。一方面，若某一按份共有人将其享有的份额转让给第三人，则该第三人便可加入按份共有的关系，按份共有关系依然稳定，按份共有人依然可以如同此前一般利用共有物，获取收益；另一方面，若其他按份共有人不希望第三人加入共有关系，则其他按份共有人可以行使优先购买权。因此，合理的退出机制既不会使希望退出共有关系的用户受损，也不会使其他用户受损。

总体而言，物权数字化在稳定的利用机制、可观的收益机制和合理的退出机制下，有利于物的功能的发挥，符合《民法典》物权编所倡导的物尽其用精神，为民众提供更多元的投资渠道，为企业提供更多样的融资方式。

（2）物权数字化可能的风险。

物权数字化作为一种新兴的交易模式，在发挥其优势的同时，也有可能存在一定的风险。

第一，法律法规不健全，政府监管不到位。由于物权数字化模式方兴未艾，故并无专门立法对其进行规范、无专门部门对其进行监管。但是，笔者认为，现行法律体系已经足以规范物权数字化的交易模式，因为物权数字化模式重在手段创新，而其内核仍然属于传统法律关系，即平台与用户之间的关系为居间合同关系，部分用户之间形成按份共有关系。因此，对于法律规范和政府监管问题不必过分担忧。

第二，平台自身可能存在一定问题。其一，由于平台与用户之间信息不对称，若平台方披露的信息不真实，一方面，可能会误导消费者投资，最终损害消费者利益；另一方面，可能会产生"劣币驱逐良币"的后果，扭曲整个物权数字化的市场。其二，部分平台与用户之间的权利与义务关系模糊。例如，部分平台与用户之间未合理分配尽职调查的义务，根据平台提供的格式合同应当由用户承担尽职调查义务，而用户的理解则相反，最终双方均未对标的物进行详细的调查，导致用户权益受损。其三，部分平台可能以"物权数字化"之名，行非法集资和金融诈骗之实。

2. 物权数字化的方法创新有利于规避风险

为了充分发挥物权数字化的优势、规避物权数字化可能的风险，应当依法依据创新物权数字化。

第一，物权数字化模式使用智能合约作为可靠的交易方式进行交易。相较于传统交易模式，物权数字化的交易模式更加便捷、高效、安全。物权数字化模式下，智能合约的广泛应用使天南海北的用户均可以通过平台缔结合同；同时，智能合约基于大量可信的、不可篡改的数据，可以自动化地执行一些预先定义好的规则和条款，比如彼此间定期、定息、定额的借贷行为，因此其安全性极高。

第二，通过可靠的平台进行交易。其一，物权数字化平台应当充分、准确地披露信息，使用户能够较为全面地了解平台与平台所提供的项目；其二，物权数字化平台应当维持良好的信用，根据诚实信用原则进行交易；其三，物权数字化平台应当组建专业的团队，注重平台经营业务所涉及的标的物的质量，并在金融、法律等方面控制风险。

第三，应当公平分配平台与用户之间的权利与义务。一方面，平台所提供的格式条款应当严格遵守法律规范，尽到提示用户注意与用户有重大利害关系的条款的义务、尽到对用户有疑问的条款进行说明的义务，避免写入不合理的免除或者减轻平台责任、加重用户责任、限制用户主要权利、排除用户主要权利的条款；另一方面，应当尽可能公平地分配平台和用户之间的权利与义务，并尽可能合理地安排用户之间的权利与义务关系。

用户在选择物权数字化平台时，也应当考虑上述三点，即判断平台是否以可靠的交易方式进行交易，平台是否充分准确地披露信息、是否信用良好、是否有专业的团队，以及平台与用户之间的权利、义务关系是否合理、明确，如此更有可能在便捷、高效、安全的交易中获得稳定、可观的收益，保护自身权益不受侵犯。

第四章

"物权数字化""数字物权"的阈值

- 物权是一种固有存在的资产形态，是价值的一种储备状态
- "物权数字化"是"物权资产"的一个发行行为方向
- 数字物权 | Digital Real Rights（DRR）为物权资产，是通过物权数字化行为获得的一个独立的资产形态。
- 数字物权的共识：边界与股权、固定资产、加密资产、证券类资产存在属性交集，且还有独立的数据集合
- 数字物权必须通过完全封闭的场景容器和流通载体，才能形成数字物权经济系统

以上信息是一种阈值的收敛算法，所得出的一个趋势性结论，即：允许继承和扩展，同时可以在环境发生变化的时候，以封装的方式对其中属性进行"修改甚至屏蔽"。这是朴素经济学立论的常用方式，在计算机算法进入经济范畴之后，经济系统多维化已经是不争的共识，经济的多维扩张和效率熵值评测，已经开始被广泛使用，而"物权数字化""数字物权"即是工作在相应的多维（量子）态的经济（价值）载体。

从比特币为主导的美国区块链模式开始这十余年，经济的维度拓展，已经成为全球顶层战略的聚焦点。虽然我们在很多媒体层看到的是技术的争夺、资源的争夺，或者人才的争夺，但是如果从更高层面来看，都是为了"获得更高维度经济的话语权"在做准备，或者更契合的词汇是"在做储备"。储备什么？储备价值！

储备可以多线程奔跑的价值！

举一个简单的例子：当你创造的一个行为或产品，只能在一个维度内发挥价值作用，也就是说这本身就存在时间锁。在相同的时间片段内，不允许其他系统锁定该价值，则你一定是工作在即将被淘汰的经济单元中。

这是一种"危机，危险的机会"，如果你对其不闻不问，则其必然会成为危险，你如果去掌控它的约束方向，则其必然成为你的机会。这种现象从微观到宏观都是通用的。所以，目前全球的经济竞争，绝不仅仅是芯片和计算机技术等看上去"玩得很嗨"的玩意儿，其底层暗流汹涌的，其实是多线程价值的开发与应用。

然而，"物权数字化""数字物权"就是"多线程价值"的场景之一。

如果你现在对"物权数字化""数字物权"的整体运作规律还没有通透地掌握，现阶段（2021—2023年）还不会看出太大的"成本差异（投入与产出比值差异）"；但是如果你现在还没有开始部署类似"物权数字化""数字物权"这种多线程资产，那么很可能两三年内，你会发现，你的行为和投资将越来越"不值钱"，甚至会出现入不敷出的现象，因为"多维经济""多线程资产"正在改变所有的行为方向和结果。

简单地说，不管你如何认知"物权数字化""数字物权"，你都必须要考虑去部署自己的"新型资产结构"了，就如比特币会让你茫然不知所措一样。所有的多维资产都不会等着你去了解它，这种"资产等人"的现象将会一去不复返。因为"人"已经在区块链的"去中心化"设计中被封装了，计算机开始接管资产的定义与环境设计。现在的经济，已经只接收计算机为主导的经济形态，例如数字经济，也已经进入它的阈值系统。然而"人"作为个体商业基站的形态，已经到了被经济淘汰的边缘，你会看到"计算机＋人"组成的"区块""数据资产"在你的身边飞驰而过，甚至会碾压着你的理想和朴素的追求掠过，却不留下任何怜悯。

以上的描述，其实是一个"选择器"，如果你因此产生了共鸣，那么下面的文字会对你的资产属性产生比较大的影响，如果你根本意识不到任何危机，那么证明你的知识储备和社会圈层均不达标，你可以不必浪费太多的时间继续阅读下去。因为后续的文字堆砌，会使用很多的高维模型，例如涉及 5000 万元人民币以上的资产如何进行多维转化等，如果你的原始储备还未达到一个基准值，那么即便你掌握了后续的资产运作原理，也很难找到实验室场景让你验证其结果。

如果你认为把 5000 万元人民币作为所谓的"高维模型"的说辞，是一种"莫须有"的侮辱，那证明你的经济学、统筹学、管理学的知识均不到位。因为资产的静态值是任何"经济系统阈值"的核心基础指标，我们接下来要探讨的是"数字物权""数证经济"的模式与场景，而不是如何帮助"一个个体建设一个物权银行的储蓄卡"。所以，你必须要在一个 5000 万元人民币规模下的资产序列中考虑和"数证经济"相关的问题，也就是你必须要为很多伸手找你要饭吃的人，考虑如何利用"物权数字化""数字物权"为他们提供更多的饭碗和粮食，而不是仅仅想着自己的账户上如何通过一个"小窍门儿，例如买个基金"，多出来几个百分点的年化率。

"物权数字化""数字物权"是给商业精英，也就是"发放饭碗"的人群提供的"增值引擎"，目的是让他们所照料的人群过得更好。原因也很现实，"物权数字化""数字物权"所涉及的资产运作模型，并不是直接安装在个体端的，它需要的基站形态，必须具备很强的社会责任和全球化的竞争力。也就是说，这批精英不但要让更多的人端上数字经济的饭碗，还肩负着"让我们国家在数字经济领域获得更多的话语权份额"的使命。

"物权数字化""数字物权"在资产形态上属于"数据资产"。这是一种"标准的资本立论"，并且需要打造场景去获得商业收益。这种定义模式也是最朴素的"资本创业"模式。

举一个物理界的"资本创业"例子来佐证一下。例如，我们说黑洞是存在的，然后就会投入大量的理论运算和实际观测来证明"黑洞"的存在，并且在不断地完善"黑洞"的阈值，而后再把它写进教材，让其形成商业势能，最终形成价值流动型产品，如电影、新引擎研发、教育、媒体等消费场景。其实从个体的角度看，一个离我们"八竿子打不着"的所谓物理名词"黑洞"，有什么投资价值呢？但是，很多人，如果算上科普视频和电影，大多数人都消费了"黑洞"。

这样的例子，任何人在自己的身边都能找出一大把，如人工智能、大数据、加密资产、量子纠缠、2纳米芯片、太空旅行等。很多人也许一生也不会真的把所有听说过的都"亲身体验一下"，但是他们都会是"资本创业"的消费者，或者用学术的名词来描述就是"共识的传播者"。

因此，在此处，我们重复之前的描述："物权数字化""数字物权"在资产形态上属于"数据资产"，"物权数字化""数字物权"是一种"传统的资本创业设计"，它的目的是形成大范围的"共识"传播，并让所有接触该"共识"的人获得收益，包括资产收益和消费收益（在区块链中，消费收益被屏蔽了，所有的收益均被归为资产投资收益），就如你在观看一个和黑洞相关的电影的过程中，花费了100元人民币,并获得了欢愉一样。经济就是这样被微观载体聚合起来的,"物权数字化""数字物权"也是如此。

此时,"数据资产"应该成为一个惹眼的名词,很多人其实对资产的认知都存在很大的偏颇,以致会出现"庞氏"这样的商业怪胎。请注意,我们用"怪胎"来形容庞氏骗局,是从精英阶层视角来分析的,如果你对经济闭环的形成不是十分清晰,请你还是拿庞氏模型直接当作一种骗局来看待,这是比较安全的。

正是由于很多人曲解了"资产",或者对资产的认知过于"草莽",才会被"货币"这样的载体所俘获。"只要赚钱且不违法,就是'优秀'人士"的思想,让很多人在听到"资产"这个词汇时,想到的都是"不劳而获"。这是个非常值得批判的联想和非常愚昧的结论。更可悲的是,一些人在一些场合还经常炫耀"资产与不劳而获的喜悦和经验",如"传销",这让很纯洁、很高尚的名词在很多人的字典里变得很诡异,且充满魔性。

资产

"资产",我们做一个商业约束吧:

"物权数字化""数字物权""数据资产"。

(特别声明:本书中提到的"资产"均为"物权数字化""数字物权""数据资产")资产是一种价值的载体,是通过有效行为产生的一种生产资料,可以通过某类封闭的流通系统,以合伙的形式完成价值的衔接和流动,且合伙人可以分享流动产生的(价值)收益。

简而言之,资产是生产资料。其需要通过投入生产才能获得增值。

这是从生产端的一种观点描述,从消费端也有一种描述,即:资产的结果是产品,通过某类通用载体,如货币,获得闭环解释。但是本书的资产,很少会从"消费端"来解释,绝大多数会从"生产端"去解释。(关于这种解释模式的论述,超出了本书的讨论范畴,读者可自行从其他书籍中寻找论据。)

从经济学上看,生产端和消费端是存在"不可调和的矛盾的",这也是刚体(传统）经济系统自身的矛盾。从资本的角度上看，创造越大的信息不对称，就越赚钱，所以资本才会不断地研发新的消费型产品来替代原有的产品，来获得资本的增值。但是资本通过媒体在消费端大肆渲染的是新产品更好、更便宜，并利用销售系统编撰出很多所谓的促销活动，来完成资本的"赚钱诉求"。这样的矛盾，从整个经济的阈值来看，其实就是经济增长的原动力。也正是这种原动力，让"资产"这个词汇出现了很多认知性偏差，而这些偏差对"物权数字化""数字物权""数据资产"共识的铺设，有很大的阻挠。因此，"物权数字化""数字物权""数据资产"摒弃了其"消费端"的话术描述，在后续的章节中，我们会用"区块链"和"DPOI"来封装"物权数字化""数字物权""数据资产"，也会从场景上给出"物权数字化""数字物权""数据资产"的商业样貌。从目前的顶层设计上看，从生产端解释"资产"，是"共产经济"的规划。学过经济学的朋友都了解，共产经济是资本经济的维度拓展方向。"物权数字化""数字物权""数据资产"属于一种高维资产，其不但携带"资本（二维）属性"，其还具备"共产（三维）属性"。

在这里，我们还是要重点解释一下，"物权数字化""数字物权""数据资产"的共产属性，并不是要让"物权数字化""数字物权""数据资产"发行人，放弃一些应得的收益，去用所谓的慈善模式来回馈社会，恰恰相反，"物权数字化""数字物权""数据资产"的共产属性会让发行人获得更高的投资效率和投资收益，也就是"物权数字化""数字物权""数据资产"会让发行人更赚钱。"共产经济"绝不是平均经济，而是比资本经济更高效率的经济模型。

CHAPTER
FIVE

第五章

"物权数字化""数字物权"资产化设计

"数字物权" extend "数据资产"

有过真正顶层资产设计的人,对以上的代码定义一定不会陌生,甚至我们只需要这样一个脚本类描述,就可以知道我们接下来要怎样去设计"物权数字化""数字物权"。是的,我们并非要"应景数字经济",而"发明一个'物权数字化|数字物权'"这样的名词来搞噱头,而是在"顶层掠食者"眼中:

- 数字经济是资产发行的空间
- 数据资产是该空间的资产形态

这种定义类似数学公理:1+1=2

很少有人知道1、2这样的阿拉伯数字是怎么来的,也很少有人知道"+"这个符号其实非常复杂,它的诞生代表了人类所有的顶级智慧的结晶。但是不知道"1+1"结果的人有多少呢?或者说,不承认公理的人有多少呢?答案是:几乎不存在。因为承认公理是一种"生存的捷径",不然人类社会怎么从茹毛饮血时代过渡到现在的丰衣足食、科技改变生活的时代呢?

从公理的社会贡献上看,"资产公理"是贡献最大的公理形态。如货币,这是支撑着我们梦想的公理载体。所以创造更多搭载"资产公理"的财富场景,是一种极高的"自我价值的实现",就如现在,我们在做的事情:

将"物权数字化""数字物权"资产化是一件意义非凡且很高级的工作。

从"资产公理"的框架中我们看到,要将一个事物资产化,需要:

- 一个容器
- 一个载体

就如我们在本章开篇的描述:

- 数字经济是资产发行的空间
- 数据资产是该空间的资产形态

其实就是一个"自由基加密的过程",也就是通过不断的矢量约束,来实现稳定的商业结果,最终证明我们创造了一个"资产公理",即代表一次"资本创业"的成功。

要知道"资本创业"的成功都很伟大，如现代货币的成功、股权发行的成功、证券发行的成功、金融产品的成功，甚至加密资产的成功，都是将人类的行为不断推向"文明"的动力。尽管"资本创业"的设计模式看上去没有量子纠缠或弦理论那样花哨，但也正是因为它的简约和矜持，才创造了恢宏的城市和 70 多亿人可以吃上饭的世界。

为了能让更多的人过上更幸福的生活，让我们开始一次伟大的创业合作吧。

首先，我们回到最朴素的"资产定义"上，屏蔽掉所有的广告和学术壁垒，从原始层开始构造我们的资产函数。

资产的朴素定义是"有效行为的积累"，它是一个动态存在和静态统计的结果。虽然很多人将资产的静态统计看得很重要，但是在真正的资产构架领域，静态统计几乎一钱不值，而在这些智慧的眼光中，资产只具备动态存在属性。

我们有必要深度了解这两个资产参数，即有效行为积累、动态存在的价值与模式，才能真正地掌握资产的规律。

此时，我们引入一个临界值：资本。

资本是资产函数体系的"核心临界值"，它代表了一组行为经过一段时间的有效积累后，即将从静态转化为动态的临界点。虽然我们将其称之为"点"，但是它的维度是二维的，且其本身也有封闭的函数系统。

通俗地讲，任何有效行为通过一定时间的积累，均会产生一个"资本"，而此时就要看这个"行为积累的主体"，它最终的决策是什么，从抽象上看，任何行为主体在"资本"的决策上只有两个选择：

- 投资
- 消费

这是两个完全不同的资本理念，其中消费是"资本燃烧过程"，即将一个资本消耗掉，该资本上携带的"需有效行为积累"被转化为一组带有熵值的流动模型，也就是我们经常谈起的"产品模型和营销模型"，最终在这些商业模型中转化为其他的"资本"。

然而，投资的含义要复杂许多，其场景甚至不是函数的。但是从趋势上看，投资的目的是创造新的资本，在这个（动态）过程中，没有类似消费的熵值流动模型，而是一组"虽然有熵，但是有全新的资产被创造出来"。

以上关于"投资"和"消费"的分析视角，不是客观视角，而是"行为积累主体"，我们可以称其为一个商业基站，甚至可以是一个自然人。

这种观察模式是"商科"观察模式，而不是"文科或理科"的观察模式。这是你必须要严格区分的一个信息交流边界，"商科"是"样本学"，也就是达到样本阈值即为正确。例如，针对一个行为，有一万个人且仅有一万个人能够达成共识，但是其结果是让该系统内的行为主体均获益，则商科即认为该行为是正确的"商科行为"。而理科和文科更注重"完全正确理论（客观理论）"的阐述和分析，因此其创作的内容更多的是统计和借鉴，但是在实际的行为操作层，尤其是在资产的创造上，很难有实际效果。

从以上关于"投资"和"消费"的分析，即给出了一组关于资产的决策结果，而关于"物权数字化""数字物权"很明显是一个投资选择，而不是消费选择。

现在就让我们转向投资视角，再来观察一下我们讨论的主体："物权数字化""数字物权"。

可以看出，这是一个围绕"物权"产生的资产约束，且约束的前缀是"数字化"，其产生的一个资产结果是"数字物权"。

从字面上理解就是，你可以拿着"物权"，通过"数字化"的方式进行投资，并获得一个全新的资产形态——数字物权。

我们把这样的一个特殊的行为过程称之为"资产发行"。

商科对"资产发行"的主观解释是：你用已经有的资本（注意，是资本），通过一个标准行为序列，产生了一种新的资产（注意，不是产品）。

此时，你手上拥有了：

- 一个原始资产
- 一个资本
- 一个新资产

用一个很简单的例子，即可说明以上的行为其实很容易就可以实现。

第一步：你有了点儿钱，假如 30 万元人民币。

第二步：你想开一家洗衣店，在这个想法产生的同时，你的 30 万元人民币的统计型静态资产，转化为了"资本"（临界值）。

第三步：你注册了公司，获得了股权。

此时，请再来看一下你的资产结构。

（1）你还是有 30 万元人民币，只是此时从个人账户转移到了法人账户。

（2）你有了 30 万元人民币的投资势能，即便是不开洗衣店，也可以继续寻找更好的投资点，法人账户约束你必须将这 30 万元人民币投出去，以换回 40 万元或更多的货币，而强烈阻止你拿着这 30 万元人民币吃喝玩乐。试想一下你当老板的心态吧，同样的 30 万元人民币，一旦存入了法人账户，那么你的创业焦虑也就由此开始了。

（3）你有了一份股权资产，该资产可以通过估值系统进入股权流通领域，而此时股权的价值已经和你账户上是否有 30 万元人民币关系不大了。直白地说，股权已经和你的原始资产脱钩了，你此时不但拥有 30 万元人民币的货币，还拥有了 30 万元人民币的股权资产。

这就是投资行为给人们带来的资本收益，而在此之后：

· 你的货币操控

· 你的股权操控

将成为两套相互关联且在操作手法上相互独立的两套资产运作模型。我们经常说的赔了、赚了，都是发生在这两套资产运作模型中的故事。

从上面的例子看，其实能够用来发行的资产并不是很多，或者说一旦你拥有或创造了一种可以发行的资产，则在理论上，你的瞬时财富值将会成倍增加，就如你通过法人来发行股权类似。虽然很多人折戟沉沙，赔了夫人又折兵，但是那已经是新资产发行之后的"资产运作的状态了"，赔了是因为知识不足或运气不好，但是，毋庸置疑的是，通过资产发行，可以获得更大的静态财富。

现在，可以适时地推出"数字化"这个"超新星"词汇了。很多人将"数字化"

直接解读为"数字儿化",就是把什么都用计算机变成数字儿,然后存在一个叫数据中心的盒盒里。好吧,你的解释很正确、很地道,也很没用。

我们给出的"数字化"的定义是:

· 一个全新的资产发行渠道

和"数字化"类似的场景还有诸如法人(企业)化、证券化、货币化等。

如果你能从我们的定义中获得"警醒",证明你还能赶上这一波新时代的时局。

从宏观经济学的视角观察,任何一个新的资产发行通道出现,社会整体资产或资本,都会增加一倍以上。也就是说,资产发行通道,是经济体容量扩张的最佳途径。这也是朴素宏观经济学理论的核心之一,同时也是区分宏观与微观的标尺。比如了解宏观经济学和微观经济学的朋友,经常会将二者用国家经济学和个体货币学来解读,所以经常深陷重重的矛盾之中,如对纳税的曲解,很多来自对经济学的漠视。其实,纳税是最好的投资途径之一。

当我们约束了"数字化"的边界定义,你应该可以理解什么是行为上的"物权数字化"了:

在行为学上看,"物权数字化"就是将物权利用"数字化"发行为一种新资产——"数字物权"。

而在这个行为之后,将拥有以下的资产序列:

· 货币资产

· 固定资产

· 股权资产

· 数字物权资产

而这些资产或资本的原始行为积累,均是来自同一个序列。例如,之前举的开洗衣店的例子,同样的 30 万元人民币,在没有"数字化"之前,你仅仅是多出了股权资产,而现在,在"数字化"已经是全球经济的热点时,如果你在发行股权资产的同时,没有同时发行"数据资产",则你的发行熵值将会远远高于使用了"数字化"发行通道的发行主体。

请注意，我们此时已经不是说你会少获得一项资产，而是将没有通过"数字化"发行"数据资产"的行为看作一种极大的损失。这样的描述是从"资产&资本"的顶层设计端形成的，因为现在的国际知名的"资本大鳄"，均已经深度布局"数字化"，并且已经形成了完整的"数字化""数据资产"的闭环空间，如果你还以为比特币仅仅是某种计算机小玩意儿，DPOI、DeFi（Decentralized Finance，分布式金融）、NFT（Non-Fungible Torens，不可替代币）还是什么类似人工智能、大数据一样的英文词汇，那么你损失的将不仅仅是数据资产那么简单了。原因是"数字化"是具有资产侵略性的，你的传统资产如果没有一个好的"数字化"通道来庇护，很可能就会出现一个长时间的"净损"，甚至是完全丧失对原始行为的控制权。

这也是我们要构建"物权数字化"的一个重要原因：保护原始行为发行的有效性。我们不能让每一个人都能掌握资本的顶层设计者的谋略，但是我们希望能够让每个人都能从中受益，而不是受损。

我们希望由此你能了解"物权数字化"的真实用途，并知道为什么要发行"物权数字化""数字物权"。

CHAPTER
SIX

第六章

区块链

就如股权交易需要一个二级资本市场一样，"数字化"也需要完全封闭的市场空间，才能够实现"数据资产"的发行与流通。而且，任何一个封闭的"资产空间"和一个"资本创业"，其形成的市场样貌一定不会大范围相同，否则，其资产的纯度就会受到影响，纯度不高的资产，很容易被流通性强、纯度高的资产吞噬掉。例如，固定资产，名义上其是一种资产描述，但是它目前仅仅是货币资产的一个子项而已，它最好的流通方式也只能是搭载货币的通道，而且货币还掌握了其流通命脉。所以，在纯资产规划中，流动性差的固定资产经常会被用于战术性部署工具，而非战略性部署工具。而新诞生的"加密资产"的待遇就大不相同。我国为了防止其入侵，暂时封闭了它的外来接口，但是，并不能否认的是：

- 加密资产是一种战略型新资产，其流通性甚至和货币持平
- 我国正在加速部署数证经济环境，并在争夺全球数证经济的话语权

如今的焦点，是"数字化"所发行的"数据资产"要通过一种什么样的场景显现出来，就如"法人实体显示股权一样"。

这其实不是一个问题，或者说没人能直接用文字来堆砌这个问题的答案，因为，商科所要实现的场景，都是"公理化"的场景，即需要一个稳定的可运转的系统，至于谁来为其堆砌文字，那是大学和研究型学术机构的事情，也是它们的核心价值体现。

那么，现在我们给出"物权""数字化"的第一公理：

"物权数字化"选择了"区块链"作为自己的资产发行平台。

区块链是什么？

从商科的角度看，此时的区块链就是一个类似IPO（Initial Public offering，首次公开募股）的系统，或者说是一种资产发行技术。

在此处深刻定义一下"技术"，如果对这个词你只能理解皮毛，那么你将无法成为一个"数字化""数据资产"的操盘手，甚至任何盘你都操不了。

因为全球的动态能量是来自"经济系统"，因此所有的"技术"的根源都是"经济技术"。

可以为价值流动带来稳定且大范围适用的行为，被称为"经济技术"。

DIGITAL REAL RIGHTS
DIGITAL PROOF OF INTEREST

  "经济技术"拓展出了一个核心技术场景——"投资技术"，全球都是在使用"投资技术"来获得优势，例如：
- 货币模型
- 计算机网络
- 二级资本市场
- 金融
- 债务系统
- 法人

  均是"投资技术"的分支，而现在，在"投资技术"的大家庭里，除了以上的成员以外，又多出了一个：
- 区块链

  这种描述，是不是可以让你正确地认识"区块链"了？至少你知道了一件事情，区块链可以像银行，可以像股市，可以像法人管理平台，可以像证券等资产发行场景，但是它绝不是坊间说的，一项计算机分布式加密记账技术，还去中心化，其样貌也绝不是什么计算机软件、小程序，也不会是虚拟币、虚拟钱包。

  请抛弃你看到的叫"区块链"的东西，而是站在真正的"区块链"面前，恭敬地记下它的定义：

  区块链是一个资产发行通道，它可以用来发行"数字化""数据资产"。

  由此，你即可以推导出"物权数字化"是一项基于物权的资产化过程，其资产阈值是"数字化"，其发行通道是"区块链"。

  这是一种"绝对共识"的约束，如果我们不把我们针对"数字化"和"区块链"的共识约束到资产公理的级别，那么之后的任何行为，就会产生"非商科疑惑"，也就是，根本读不懂什么是"数字化""数据资产"和"数据资产""数证"，甚至会迷失在纠结的商业迷局之中。就如很多人理解不了IPO和炒股的区别一样。

  在共识约束下，让我们来审视一下区块链吧。

  区块链从文字描述上，目前有两套，分别是：

- 美国链：去中心化，分布式加密记账技术
- 中国链：多中心化，自由基加密合伙模式，且可以继承的方式重定义

可以看出，两种定义使用了相同的话术结构，且都有自己的主力场景规划。美国链目前的主力场景是基于比特币模式的加密资产，中国链目前的主力模式是国家公链模型。

从资产发行的角度看，美国链玩的是纯货币，也就是直接吞吃货币的共识空间，以达到自己的共识阈值；中国链锚定的是纯价值，即去货币化，重定义行为的发行机制，形成完全封闭的价值流动空间。

从经济的宏观层看，美国链和中国链都是"抓极端，再整合"的模式构架，这其实也就是"区块链"本身的阈值设计所体现出来的约束性。通俗地说，如果你使用区块链，你就必须抓住一项"100%纯度的资产"，而不能有任何混合态存在。

那么整个全球经济如果"提纯"，会得到什么呢？其实就是货币和价值。

这两样东西在我们现在的经济体内以不同的比例相混合，形成千差万别的行为集合，也就是我们俗称的"产业集群"。

而在"货币与价值按比例混合形成的经济空间趋于饱和，且需要大修的时期"，顶层设计者提出了"经济提纯的设想"，即产生两个新的空间：

- 100% 货币空间
- 100% 价值空间

并形成两个完全独立的经济维度，将会让现在混合经济获得难得的喘息和修正的机会，并且还会为其提供继续发展下去的空间。

因此，在区块链日臻完善的当下，其实我们的经济体实现了"三维运转模型"：

- 100% 货币空间
- 100% 价值空间
- 混合空间（传统经济）

顶层设计者对外放出了一个很隐晦的词汇——数字经济，包含100%货币空间和100%价值空间两个维度，而将现有的经济体，定义为了"传统经济"。这应该

是你看到的最清晰的关于数字经济的宏观解读之一了，而且这个解读对于你的生存状态会产生直接的益处。

依据以上定义，你才能正确地看待比特币、DeFi、NFT 以及后续出现的英文缩写和新名词的根本含义，它们都是在"整合货币，剔除价值"，已完成全新数字经济维度的搭建。当其内部的货币阈值足够大的时候，一个基于大数据的计算机封闭网络就会浮出水面，来定义并承载其中的"新行为的资产发行"。你只要关注亚马逊、苹果、摩根大通等企业的战略走向，就会发现它们在"纯货币维度"的部署是多么的严谨和有效。

也正是基于此，现在熙熙攘攘的虚拟币、发币、挖矿等基于美国链的灰色地带，只是一波四流的演员上演的闹剧而已，真正的美国链，很值得仔细研究甚至借鉴。

现在，让我们转头看一下另一个维度：100% 价值维度，即"中国链"。

我们必须承认，区块链的纯度属性让其存在了很强的排他性，或者说美国的很多技术都存在了排他性设计。例如计算机操作系统，且其并不是主要依靠纯计算机代码来维持其优势，更多的是依靠资本的力量和犹太人的广告战略。所以，当"美国链"锁定了纯货币之后，其他国家已经很难再创造独立的"区块链维度"了，这和计算机操作系统，甚至计算机芯片的"摩尔定律"很类似。比较负责任地讲，全球除了一个国家之外，已经不可能再出现一个"100% 纯度"的"区块链系统"了，这个国家就是中国，因为中国有美国不具备的优势——全民所有制。也正是这个国家体制，让区块链出现了另外一个纯度维度——100% 价值维度，或者说，只有在全民所有制机制下，才能有"去货币化的国家公链出现"。这也是"100% 纯价值区块链"被称为"中国链"的原因。

"100% 纯价值区块链"要求，其中的发行数据资产必须锚定价值，并需要在系统内经过至少一个"合伙"才能在系统内流通，即：

价值 + 价值 = 新价值

从劳动人民的角度看，以上的等式是符合人类的世界观的，即"不劳而获是可耻的"，而此时，你再看一下美国链：

货币 + 货币 = 新货币

其所代表的利益仅仅是"不劳而获的利益",在美国链里,劳动被去掉了,或者说所有的劳动被放在了美国以外,而在美国境内来决定货币与劳动之间的关系,如果从现在的世界观来看,很少有国家不会因为美国链的入侵而成为货币的"牧场"。

从"中国链"与"美国链"的对峙上,我们其实可以分析出,中国存在的强大,其实是世界均衡发展的重要条件,这是一个客观存在的事实,并非因为我们是中国公民而故意夸大其词。

其实,区块链在提纯的过程中是放弃了"混合基因的强壮性",提纯的区块链在很多层面存在着不可弥补的漏洞,就如现在的比特币所展示出来的"怪胎样貌",因此必须有制衡的元素出现,世界才能均衡发展。

至此,你就会明白"物权数字化"选择"中国链"作为发行通道的原因了,甚至你应该明白,我们为什么要基于"物权"来"数字化",而不是基于"物权货币"来"数字化"。其中有深意,当然也有投资战略,我们不是要放弃高效率的盈利空间,相反,纯价值维度的盈利能力,从现在的表现上看,与纯货币相比,可以用略胜一筹来形容,想知道其原因,你需要了解"纯度资产"的运行机制。

CHAPTER
SEVEN

第七章

中国链区块

第1章

中国語文法

我们经常听说"世界观"这个词，许多人认为这是个无关紧要的概念。其实这恰恰是一种无知的表现，在人生的道路上，没有什么比"获得正确的认知共识"更重要。相反，在没有正确认知的时候，人们往往会在一些低级的错误之中无法自拔，尤其是在商科，很多人认为"无商不奸"，但是自己也时时刻刻处在商业的环流上。所以就产生了"必须奸猾"的思想，然后不断地用看上去光鲜的东西，如虚无的文化、不太实用的知识让自己显得是个很儒雅的商人。其实，他不知道，"无商不奸"这个词最开始的写法是"无商不尖"。讲的是古代的米商，都是用斗这种容器来出售黍米，当把"斗"这个容器装到"平满"，即为标准的一斗米，但是商家们都会在装到平满之后，继续在平满的米上堆上一个像金字塔一样的"米尖"，这多出的部分，代表着商者对客户的答谢和对商业的尊重。所以"无商不尖"，就是商者的世界观。至于后来怎么成了"无商不奸"，无从考证，但是，在"物权数字化"的系统边界里，我们都会奉行商者的情怀"无商不尖"。

在讲述"物权区块"化之前，讲一讲商科的"道"是十分有必要的。因为我们要践行的是一个"世界化的经济维度"，如果其中充斥的是"奸"，则就和"当下那些在比特币中刀口舐血的投机者"别无两样，同时，不管我们在本书中使用了多么高明的辞藻技法，最后还是要堕入一个商业的污点之中。

所以我们将"无商不尖"写在本章的开篇，也敬告即将进入"物权数字化"系统的商者，逐利无对错，但是心要正，心正则为商，否则会"奸"，"奸"者即无道，无道则无商！

商者，大道也！

我们此时反复强调"商"的内涵，是因为接下来的事，是非常需要智慧和定力的，一旦心术不正，小则伤人，大则伤国。

说到"区块链"，现在可以用人尽皆知来形容，如果你问他什么是"区块链"，就两个字——发币。做出这种回答的人，大多具备以下特征：

- 不懂什么是发币

- 不懂什么是计算机技术
- 不懂经济与金融
- 崇尚投机与不劳而获

我们在此处用如此严厉字眼来评价"目前的区块链和谈论区块链的人",其实也是形势所迫。

平心而论,目前美国在很多地方都是领先的,尤其是在计算机技术以及其衍生的产业和产业渗透,这其实是全球化的危机,而绝不是我们国家的"特有矛盾"。相反的是,放眼全球,也只有我们国家还具备维持世界多元化的能力,而"区块链"就是多元化的一块重要基石,但是如果我们的商业共识形成的认知是"区块链就是虚拟币",然后一群年轻人天天鼓捣钱包、DeFi、NFT,这就相当于与"吸食精神鸦片无异"。而这种显现如果持续时间过长,当美国链的"纯货币维度"建设得极其完整,也就是当亚马逊级别的企业出现了"区块链公链"循环之后,再让我们的年轻人去重新开发自己的区块链系统,就会和当下的计算机操作系统类似,不是开发不出来,而是开发出来没有了市场闭环(资本共识)。

所以,"物权数字化中国链",首先要放声呼吁,请传统商业正视"区块链",正视我们国家的优势,珍惜当下的时间窗口,共建"100%价值纯度"的多元化经济维度。

从这个角度上说,"物权数字化中国链"是在正面迎战"美国链"的比特币,而且目前尚在均势之中,这在计算机领域是没有发生过的事情。

现在,我们开始展示"物权数字化"是如何部署我们的战略系统,同时也会展示出这套系统是如何形成战略防御和全球化市场构造的。

首先,还是要正确地解读一下区块链在商业环境中是个什么样貌。

这其实并不难,我们现在所处的经济环境是依靠法人节点串接起来的,法人的商业名称叫"企业",企业串接起来的"货币+价值"(混合经济)流动闭环,叫作"企业链",在宏观上,我们习惯用"产业"来封装"企业集群",因此出现了:

- 产业链
- 上下游
- 资本
- 消费

这样的描述形态。其中产业链就是"货币+价值"流动的管道,你可以形象地理解成"供水管路"。资本就是纯货币,消费可以理解成纯价值(货币债务熔毁),当消费发生了,产业链上之于这个消费的所有债务均会通过消费而发生闭环性结算。

在产业链运转过程中:

资本市场不断地会"发行定投资产",来扩充这个产业链的规模和流速,所谓定投资产就是将没有任何目标的"货币&货币锚定",转化成"定向投入到某个产业链内"的"货币&货币锚定",并在该产业链内形成定投增值,而后,资本通过消费和股权交易等解锁方式,将定投的资产转化为非定投资产,以获得投资收益。而区块链和企业链很类似,也有一个类似法人的资产发行主体:

- "区块"

由区块作为商业载体,形成的商业闭环,称之为"区块链"。很形象、很实际,而且很实用。我们甚至可以给出这样一个"约束基矢量":

企业做得好的商业系统,区块也能做得好。

因为区块的内核首先是一个企业!

首先,区块不会屏蔽优质的股权发行,反而会协助优质股权变得更优质,因为法人股权资产与区块数据资产不在一个维度。从理论上讲,一个有区块和企业两种形态的商业节点,即便是企业模块破产了,也不会影响到其区块资产的运转,这是真正的资本技术高明之处,从这个角度看,至少区块会为所有的资产发行方多创造一个资产避风港。

其次,区块有自己的"资产规则",它会将企业或个体的"物权数字化"过程作为发行过程来形成"数据资产",更准确的称谓是"物权数字化""数据资产""数字物权"。

最后，它有一个独立的资产流通系统——公链。在本书中，这个独立的资产流通系统是"中国链""国家公链""物权数字化"系统，也就是俗称的"根服务系统"。此处，要消除一下你对计算机的"依赖恐惧症"。由于现在很多的行为都发生在手机和计算机上，人们渐渐地对这些终端设备产生了依赖，再加之中国的互联网企业的广告轰炸，让绝大多数人认为计算机说的就是对的，手机上有的就是先进的。例如操作系统，很多人都以为就是Windows或者安卓，这是一种依赖恐惧症，属于社会学范畴。我们希望正在努力学习"物权数字化"的同人，不要沾染这种病症。Windows和安卓，是计算机操作系统，是服务于人机交互的，其本质还是服务于人与人之间的信息交换。理论上任何封闭的体系都存在操作系统，如法人操作系统、货币操作系统等，区块链也有其场景和场景操作系统，但是与计算机操作系统是无关的，切记！虽然区块链会广泛地使用计算机技术，但是它的操作系统不会受计算机操作系统约束，两个区块之间的商业链接，有没有计算机存在都可以顺利形成。区块链，不是计算机算法，不是哈希（Hash，散列函数），不是不可篡改，不是账本，不是钱包，它是一个资产发行的通道，切记！

"物权数字化"选择了"中国链"作为其公链根服务的继承点，也就是说，其系统内的区块所发行的资产是"价值属性"而不是"货币属性"。这个属性约束的结果是，你的"物权数字化""数据资产"在系统内不能直接锚定货币来作为流通载体，因为货币本身存在"混合属性"，你需要搭载一个全新的载体，即："物权数字化""数证"。

在简述这些之前，先做一个简单的对比引导，用来帮助你顺利地认知什么是"数证"。

还是用法人资产发行系统来比较，当你构造或参与构造了（不是在股市买股票）一个法人，你即获得了一个股权资产，也就是在你拿到营业执照的那一天，你就是有股权资产的人了。这是国家赋予你的资产发行权利，善加利用，你也可以是马云。或者说即便是首富，在股权资产发行的权利层，和你也是相等的。再次强调，这是国家赋予你的权利，而不是国家给予你的福利。

回顾历史，这个权利并不是与人类社会同步存在的，而是在不断地完善中成长起来的。

现如今，当你构造了一个区块，你会获得什么呢？你会获得"数证"，数证就是用来承载自己数据资产的载体，此时的数证很像股权。

因此，数证会和股权一样，产生其独立的经济系统，我们称之为"数证经济"，在本书中的精准描述为"物权数字化""数证经济"。即我们所探讨的数证有三个前置约束：物权、数字化、区块。满足这三个约束的资产形态，就是"物权数字化"平台可识别的资产，即可以在"物权数字化中国链"系统内流通。

让我们暂时将DPOI的分析告一段落，先回到区块的分析上来。

如何构造一个可以被系统识别的区块呢？

此时你需要学习一些全新的资产技术，而不能用"法人技术"来直接套用。

区块和企业完全不同，它甚至不需要当下企业的人力资源系统和边界阈值，它其实更贴近"物联网丨Internet of Things（IoT）"基站。从商业范畴上讲，它是"量子商业基站"，而企业是"刚体商业基站"。由于量子商业不是本书讨论的必要技术，所以我们暂且不在量子商业层面做展开。

如果要找一个和"区块"形态相类似的传统业态，那么"拍电影"比较接近：

- 一个资本进入到"电影产品定投"
- 一个剧本产生
- 一个剧组出现
- 调用发行和影院系统
- 依靠票房和植入盈利

仔细看一下电影这个产品，它的三大市场，即资本市场、人力资源市场、产品市场是一个大锅饭的存在，所有的投资发起方，都是从一个大锅里寻找合适的劳动力、发行、院线和增值。劳动力，即剧组成员，不归属任何固定的企业，大家都具备职业素养，只要有召唤就能凑在一起整一个"投资结果出来"。

区块在边界设计上有些像"朴素的电影产业",但它更加革命,它并不区分谁是演员,谁是院线,谁是发行,谁是广告投资商,它只认识一种形态,就是和自己有着相同边界属性的区块。

这种"投资技术"的革命性在于:

只要你是区块,你就可以做任何的合法生意,而不需要支付学习该合法生意的成本。从投资的角度上看,如果你拥有"数据资产""数证",即可以在不了解任何投资专属技术的前提下,投资"系统内存在的任何价值闭环"。

这是一种"共产模型",摒弃了对资产的歧视、对人的歧视、对产品的歧视,或者说这是区块链去中心化带来的一次资产技术的革命。

当然,区块也并不是要做普惠性慈善,因为普惠性慈善不是商科的行为范畴,商科服务于经济,向经济的管理层输出收益,并把收益的决策权交付给经济的管理层。

所以,你看上去很革命的"区块",其实要比企业更加灵活,但是却衍生出了很多全新的技术和知识。我们很反对"用一句话概括一个事件"的行为,尤其是在投资商讨的过程中,一些噱头很害人,比如什么"电梯理论"。

至于"区块",你需要在践行中不断地学习,不断地去观察和体会它的特性,才能慢慢地掌握它的规律,尤其是它的资产发行的规律,以及"区块""DPOI"所携带的价值流动特性。

我们先给出几个"区块"的特性标尺,帮助你约束在"区块"环境中的自由基,并通过实践交互,完成你的私有系统建设。

"中国区块链模式"的定义:多中心化、自由基加密、合伙模式,且可以继承的方式重定义。

这个定义中包含了"中国链""区块"的一些通用构造模式。

1. 多中心化

这个设定,其实和"去中心化"是异曲同工的,它的含义是:你的区块即为一个商业中心点。站在客观的角度上看,就是任何一个"物权数字化""区块"均是一个"商业中心点";其结论是:所有区块没有大小和高低贵贱之分。

2.自由基加密

自由基，代表了你的商业思想，在传统经济中自由基是不被加密的，因此才会有"无商不奸"这样的共识产生，而在区块链系统内，自由基是不能直接传播的，也就是不能你想干什么就干什么，而是需要大家达成一种共识，才能够完成一次商业流动。这个设定和"你是中心"不冲突，所谓"你是中心"，代表你可以随时发起一个商业行为，且可以调用所有区块的资源，但是你的商业行为是否能发起，要看自由基加密的结果。

3.合伙模式

当你的一个商业行为被自由基加密通过之后，你即可以形成一个"区块链"，也就是可以调用整个系统内的所有资源，来完成你这一次商业行为。此时，你的商业理论值等于系统的总价值，如果你链接的是一个国家公链，则你的商业行为所能容纳的理论值将等于这个国家的所有资产的总和。这是国家公链的一个高维技术。区块通过"合伙""智能合约"产生一个以你为中心的"区块链"，并通过"数证"完成投资和利益分配。基于这个设定，你会发现，"区块"和"区块链"不是同步存在的，区块是你的资产基站，区块链是你的合伙形态，区块链随时会产生也随时会结束，而区块却会一直存在。这样的生意模型相较于一个笨重的企业而言，其效率值的差异已经非常明显了。尤其是在人力成本、企业运营成本、固定资产投资、贷款利息的企业必要成本方面，区块全部不需要维系，这就是"合伙模式带来的共产模式的先进性体现"。

4.可以继承的方式重定义

你可以在遵从系统根服务的前提下，创造自己的区块链系统，我们称之为联盟链，即你可以在"物权数字化""区块链"系统内，创造：

"ID（Indentity Document，身份证标识是账号）""物权数字化""区块链"系统，并向根服务注册，来形成你的封闭维度。简而言之，你可以从你的思想模型来构建经济系统，并且获得资产的支持。

通过对"中国链""区块"的通用属性解读,你应该对"数字化"发行资产的技术模型有了初步的了解,那么接下来,你就需要从"物权"开始,一步一步地实现"区块化"和"数据资产"的发行。

第八章

物权

权，秤砣。我们常说的权衡，指的是秤砣和秤杆。

秦权，一种刻有40个字的秤砣，字据说是李斯写的小篆。秦权虽然也是秤砣，但是它却不是可以随便使用的。它被用来放在官府内作为一种评判的标准，如果你认为集市上的商人在秤砣上动了手脚，即可带着商人到官府内，将其秤砣与秦权做个对比，以获得公正的结果。

自古以来，"权"都是一种标准，行为的标准，因此不可以乱用，也不可随意更改。

物，一种共识的载体。和"权"放在一起的"物"，就是一种"价值共识"，且拥有稳定的属性，不能朝令夕改。例如，早晨10块钱、晚上30块钱的东西，一般就不是"物权"，要么是出了什么事，如社会动荡，货币失去了"权"的职能；要么就是一种"货币游戏"，"货币游戏"不需要物做载体，也就不会遵循"物权"的法则，如股市。

由此我们也可以看出：此时正处在两种法则的运转体系中，一种是物权法则，另一种是货币法则。

在我们通过《民法典》学习了物权的法规之后，我们需要从资产角度来形成一种约束力更强的物权共识。这种物权，是"可以发行为数据资产的物权，也就是可以通过区块化进入到区块链内流通的物权，同时其在进入区块链之后，还可以搭载DPOI成为区块链的价值载体"。

我们在代码层将这类物权做了如下的编码设计：

"物权"extend 物权

{

"物权"（"China-Chain" "Block"）

 {

 …

 }

China-Chain get Block Chain（ID）

 {

 …

107

}
DPOI get DPOI（ID）
{
…
}
}

从产品设计的角度上定义，"物权"是"物权区块化"的结果之一，"物权区块化"是"物权数字化"的一个场景，或者是一种服务。我们可以这样来获得一个"物权"实例：

"物权"="物权数字化""区块化".create DRR（ID，"China-Chain""Block"）

其中"China-Chain""Block"，约束了该"物权"是一个中国链区块，"物权数字化"根服务内还存在着其他的构造函数，用于创建非中国链系统的物权实例，感兴趣的读者可以调取"物权数字化"的系统库去分析，本书只讨论"物权"的"物权数字化""中国链""区块"实例。

"物权数字化"将会从不同的维度构建资产发行和流通场景，其中在区块链内也存在着两个维度：

·美国链维度

·中国链维度

但是，目前针对"美国链维度"，是没有构造函数释放出来的，也就是发行人目前还无法将自己的物权生成美国链区块，"物权数字化"要等宏观发布了针对美国链的法规和政策后，才能开发其构造函数。

因此，当下"物权数字化""区块链"的资产发行，只有"中国链""区块"一个维度。

所以接下来我们使用到的"物权"，均为"中国链""物权""区块"。

在传统经济中，不是什么物件儿都具备"流通载体"属性的，甚至可以说大部分物件儿，再说得明确一点，大部分花钱买来的物件儿，都不具备"流通载体属性"。

此处还要做一个商科知识的普及：如果你买来一个物件儿，然后加点价，再卖出去，也并不证明你手上这个物件儿存在流通载体属性。

如果我们要求得严格一些，或者说我们把问题做一个简化，那么传统经济中只有一个物件儿具备流通载体属性，那就是"货币"。而其他物件儿都是要通过某种发行规则（权），来锚定货币，即：

· 我手上的物价儿值多少钱（锚定了货币的物权）

注意，此时这个"物件儿"因为这个发行行为，获得了"一个可以搭载货币来权衡的物权资产"，同时这个物件儿还要具备以下特征：

· 归属权属于你
· 你正在寻求一种货币层面的认可（共识）
· 你的目的是同时拥有这个物件儿和这个物件儿产生的物权，即两种资产形态

从以上第三个特征可以看出，各类出售商品的店铺，其实是没有基于店内商品的物权的，因为它们的目的是获得一种服务性差价，而不是长期拥有产品以获取产品"价值＋物权"的资产形态。

从以上的特征也可以分析出：我们正在从《民法典》的广义物权定义，向资产型物权的方向做窄化处理。同时也在对能够进入区块链的物权和物权发行人进行阶段性的精准定位。

我们可以做一个物权投资的场景分析，来协助你感受一下物权资产发行的结果。

例如，你手上有一幅白石老人的真迹，你找了一个权威机构估价为 1000 万元人民币。则此时你手上拥有了两种资产：

· 白石老人的真迹
· 1000 万元人民币的估值

这是一个标准的"物权资产"，让我们来看看它能干什么：

当有一个合伙人认可这个物权之后，该物权可以直接发行股权，即形成一个法人实体。

此时，你手上的资产形态是：

· 白石老人真迹

- 1000 万元人民币估值
- 1000 万元人民币股权

从资产层面看，你的物件儿通过物权资产的发行，正在形成动态资产序列。如果你现在直接将真迹卖掉，获得 1000 万元人民币，那么你的资产总额将瞬间受损，而获得真迹的买主，将会接管你的物权和物权资产。

这是"投资技术"所反馈出来的资产曲线。我们知道，在很多常人眼里会提出一些看似正常的问题：

例如，投资合伙的公司出了问题，真迹赔了，结果血本无归？

我们可以这样回答：

你的圈层出了问题，君子无罪，怀璧其罪，当你还处在一个根本驾驭不了物权的圈层，还是直接把真迹卖了换钱踏实。

从以上的例子可以看出，物权如果资产化，其实成本很高，且没有封闭的规则系统，也就是没有一个非常合适的"权"来衡量物权的资产发行行为，或者说很难达成广泛的物权资产共识。因此，当下的经济系统中，物权通过资产形态流通，几乎还是一个空白。甚至像我们上面列举的"白石老人真迹"的例子，让物权搭载货币来进行资产流通，也需要很高级的"资产技术"，也就是我们俗称的"操盘手"，才能实现全盘增值。

总结一下，物权不能顺畅地形成资产流通场景的主要原因是：

没有一个简化的市场，例如没有一个像 IPO 一样的标准"权衡系统"，物权的"权"，是每人一个"权"，人人都能规划它的价值，因此也就出不了门，只能自己认。而 IPO 的"权"，是只有一个"权"，大家都认，因此其没有共识成本，同时因为 IPO 的"权衡系统"做得很"大气"，所以它成了全球商业的一个（资本市场）制高点，所有的企业都以能通过 IPO 借钱为荣。

如果我们能够看得出：物权资产化和 IPO 其实是一种类型的生意并形成"商业计划级别"的共识，那么后边的事情其实就好办了，所有读者，我们来共建一个物权资产的市场即可，市场的"权"设计，是不是效仿 IPO，我们觉得不一定，但是"关于通用权"的设计上，不会把它拿来直接用。

此时，请你再次审视本书中的一些公理级别的设定：

· "数字化"是资产化的一个通道

这个设定标志着我们的物权通用权设计模型锁定了"数字化"。

· "物权数字化""数据资产"是物权的资产发行行为

这个设定说明我们已经有了类似股权的"物权资产通用权"商业定义。

· "区块链"将作为"物权数字化"的发行场景

该设定标志着我们已经有了"物权资产通用权的统一市场规划"，对标"IPO产生的华尔街"。

· DPOI将作为数字物权的载体，来完成投资与合伙

这个设定标志着，我们已经设计完成了类似股票的载体，来完成物权资产的发行与流通。

在我们设计的"物权数字化"系统内，"白石老人真迹"将会形成一个标准的发行过程：

"白石老人真迹""物权"进入到"物权数字化中国链"系统内完成资产的发行与流通，而且会形成全新的资产运作空间。

到此，你应该初步体会到"物权"是什么了。

简单地说，"物权"是一个资产市场内的"通用权"，它完成两项工作：

（1）将非通用物权的"权设定"，通过"区块化"，完成"通用权"的安装。这个类似IPO的发行价格设定过程，在IPO之前，你的企业估值是你自己说的，而IPO之后你的企业估值就是全球都认可的。

（2）评判一个非通用物权是否可以通过"区块化"来做资产发行，类似一个企业是否可以通过IPO的评审过程。

所以，当我们在谈及"物权资产"的时候，你一定要分清，谈论的资产是"通用权资产"还是"私有权资产"，如果是私有的，请你好自为之，如果出了什么岔子，不要怨天尤人。如果是经过"物权数字化"的"物权"，那么你即可以摒弃掉你的小生意人思维，仔细分析一下你的生意是不是可以搭载"物权"获得投资或合伙。

CHAPTER
NINE

第九章

"数字物权首次发行"设计

一、"物权数字化和数字物权首次发行"

中文名称：数字物权首次发行

英文名称：Initial Digital Real Rights Offering（简称 IDRO）

这是由物权数字化（RDTP）系统规划的一个"数字物权发行与流通规范"，其只应用在"物权数字化"系统内，其中的规则、商业模型，也仅适用于"物权数字化"系统，其使用的 DPOI 载体为：

"物权数字化""数字物权""DPOI"。

"数字物权首次发行"职能：

（1）发行规则制定；

（2）审核资产；

（3）搭建流通系统；

（4）锚定服务；

（5）结算。

"数字物权首次发行"的商业目标是，将定投资产包括货币资产、固定资产、劳动力、产品等区块化，并生成数据资产，使定投资产转化为活跃资产，并依据自由基加密原则，产生"区块链合伙"方向，实现资产流动性的维度扩展和效率值提升。

数字物权首次发行和 IPO 不同，数字物权首次发行没有使用债务型投资，原因是数字物权首次发行的内容不是"生产预期和生产能力"，而是一种新资产发行，也就是数字物权的发行，资产发行的需求不是借贷，而是合伙，即数字物权首次发行是寻求合伙，并在合伙的行为内寻求价值收益。

因此，"数字物权首次发行"呈现出的流通样貌和 IPO 就大相径庭。"数字物权首次发行"属于广域流通模型（量子商业模型），即两个及以上"数字物权首次发行"形成的"数字物权"之间的通信机制和效率，它们决定了整个"数字物权首次发行"系统的效率。而两个 IPO 以及其结果之间是隔绝的，所有 IPO 形成的企业形态，并不在 IPO 市场内寻求通信，且其效率评定系统也不是去中心化的，或者说当资产通过 IPO 流入企业系统，资产持有方就失去了很多干预权和资产的活跃性。

更重要的是，IPO会将资产锁定为定投资产，也就是在某个时间段内，该项资产仅能用于IPO规范内的投资，类似于一种"买卖"，而所谓的股权交易市场，使用了一种叫"证券的模型"来形成"股权定投与货币之间的锚定和交换规则"。流动在证券模型内的货币并不是直接进入到IPO的企业，而是形成了一个新的商业闭环。

数字物权首次发行不再使用IPO和证券两套市场来管理资产，即：数字物权首次发行既不发行定投债券，也不单独建设债券市场，而是直接使用区块链来形成资产合伙和投资。数字物权首次发行的持有者一定是持有了资产，且是持有了可以直接在系统内流通的资产，并且可以以"自身为中心，建设区块链和物联网"。也就是说，每一个"数字物权首次发行"的区块，以及每一个拥有"数字物权首次发行""数字物权"的区块，均可以调用整个"物权数字化"内的"数字物权"资产，以区块链的形式，完成资产的"活跃性提升"和"维度的扩展"。

从模式上可以看出，"数字物权首次发行"的效率值要远高于IPO的结果，其发行的资产"数字物权"的流动性和效率值也远高于"传统的定投资产"。[①]

"物权数字化""数字物权首次发行"是一个区块链，是一个公链的场景组件，商业形态是一个"Block Chain as a Service（简称BaaS）"。

在描述物权数字化数字物权首次发行的一些边界属性之前，我们先来"封闭"一下关于区块链的商业共识。

在前边的章节以及之前的教材中，我们从理论上拆解了"中国链区块链"的结构，并做了学术层的描述，目的是做阈值和共识约束。也就是要在某一场合内，要求大家说出来的话术是源自一套共识，不要出现两个人都以区块链话题开场，结果一个想挖矿、一个想加密的现象，而且不管挖矿还是加密还都不是区块链，以致人人都在谈区块链，到现在连个正经的区块链市场都没有。

"物权数字化"既然要建设区块链市场，就要先把市场卖什么说清楚。

[①] 以上文字引用自"物权数字化"官方网站：www.wqszhpt.com。

从商业本源上说，区块链是产品。如果非要给它加上一个市场分类的话，我们将其归为了"资本市场"。在此处提醒你注意，数字化产生的劳动力市场和产品市场，也存在着很大的变数，建议你阅读数字化市场相关的资料和书籍，以帮助理解和构建数字化资本市场的概念和模型。

区块链不但是产品，而且还有生命周期，且生命周期的差异巨大，短的会以秒来切分，长的甚至可以永生。

这样的生命周期现象，是区块链的商业职能所决定的，区块链的商业职能更约束化的话术是"区块链"在"物权数字化"系统内的职能：

完成一个以上的"物权"的投资行为。

如果该行为形成了结算，则该区块链的生命周期结束。

从这个物权数字化公理的角度上展开商业想象，你会发现，你的物权的价值，被区块链所承载了：

· 你有多少区块链，则你的物权即被投资调用了多少次

· 所有包含你"物权"的"区块链智能合约"记录的收益分配额度，代表了你当下的"物权数字化投资"的收益额度（瞬时静态值）

而出现这项"数字化收益"的前提，是你的"物权"，注意不是物权，是已经形成区块的"物权"，是否能够完成："物权数字化""数字物权首次发行"。如果没有进入"物权数字化""数字物权首次发行"市场的"物权"，仅能够发展"区块链私有链"，而不能被更大规模的联盟链或公链所识别。

至此，你看到了"数字化物权资产"的三个识别等级：

（1）是物权但不是"物权"的，不能进入数字化系统，发行新资产；

（2）是物权，不能"物权数字化""数字物权首次发行"，不能发展联盟链，只能建设私有链，也就是不能进入大规模的和高频次的区块链拓扑；

（3）获得"物权数字化""数字物权首次发行"的"物权"，可以独立生成联盟链甚至公链，且支持高频次的调用。

因循这三个划分点，也出现了三个市场样貌：

- 物权市场
- "物权"市场
- "物权数字化""数字物权首次发行"

以上三个市场，我们可以这样来对标一下：

- 物权市场就是一个自由基的交易空间，人人都可以有一套话术，然后依据自己的生意套路来形成一种生意闭环，形式上千奇百怪，以结果为导向，合法能赚钱的，都是这个市场的摊位形态，这个市场的管理系统就是国家相关法律。

- "物权"市场是"数字化"资产投资的一个资本市场，受区块链边界约束，投资的方式和效率由"物权"资产的所有者设计，其管理系统是"中国链根服务"。这个市场有点像当下的天猫和京东，借助计算机规划了一种特殊的摊位系统，并且出现了大数据这样的新型盈利模式。这个市场是"数字化"的标准市场形态之一，将会孕育出比肩阿里、腾讯的数字化平台。

- "物权数字化""数字物权首次发行""数字化标准资本市场"类似二级资本市场，只是其内部的规则和二级资本市场不同，盈利模式也不同。

现在我们来重点分析一下"物权数字化""数字物权首次发行"的边界属性（阈值）。我们将"物权数字化""数字物权首次发行"首先封闭成了一个市场，证明"物权数字化""数字物权首次发行"本身就是一个"商业环境"，而不是一套"学术说辞"，这是"物权数字化""数字物权首次发行"的核心阈值属性。这个属性所表达出来的信息是，我们是"物权数字化""数字物权首次发行"的商业投资人，同时，你也可以创造属于你的"数字化"或"物权"的商业阈值系统，但是请不要和我们有任何过多的效仿，这是商业排他性的客观存在。

而学术说辞是分"经、纬"的，如大家都可以以儒家经典为"经"，以自己的说辞为"纬"，来形成自己的文字堆砌，甚至也可以扬名立万、名垂青史。这也是学术阈值与商业阈值的核心区别，"物权数字化""数字物权首次发行"是商业阈值，不是"经"，切记。

"数字物权首次发行"首先设定了准入者的形态：

"中国链""区块",也就是希望完成"物权数字化""数字物权首次发行"的资产必须是"物权数字化""物权",其他资产形态"物权数字化""数字物权首次发行"是识别不了的。例如,你直接拿着价值几十亿元的文玩古董去 IPO,人家也无法给你发行股票,不是你的文玩古董不值钱,而是人家不认识你的文玩古董是什么,你所形成的资产估值系统来自一个 IPO 识别不了的系统。

"数字物权首次发行"构建了一个算法库,来完成类似 IPO 的估值系统建设。请仔细阅读以上的商业设定,你会发现,"物权数字化""数字物权首次发行"和 IPO 的根本性区别,"数字物权首次发行"是一个不断依靠算法来成长的服务体系,而 IPO 更像是一个"法庭",或者说一个判定系统。从市场的角度分析,高级的市场会和"摊位"一同成长,而 IPO 不具备这个属性,由于"数字化"和 IPO 不是竞争关系,所以"物权数字化""数字物权首次发行"不会以"春秋笔法"去评价 IPO,但是"物权数字化""数字物权首次发行"确实是比 IPO 更高阶的市场形态,这一点从比特币和狗狗币的"浑不吝"就可见一斑。IPO 这种笨重的老物件儿,在"区块链 +AI(Artificial Intelligence,人工智能)+ 计算机 + 马斯克 + 摩根大道"这样的高阶"资产技术"的践踏下,显得没有什么防御力。"物权数字化""数字物权首次发行"不会加入比特币的践踏游戏,"物权数字化""数字物权首次发行"只做自己的封闭系统。但是"物权数字化""数字物权首次发行"也有类似:

"全民所有制"+"中国链"+"PE"+"价值大数据"

这样的算法库结构设计,因为我们的对手虽然不是 IPO,但是比特币和狗狗币就难说了。

"物权数字化""数字物权首次发行"使用了"纯价值流动模型",即它是"去货币化"的。"去货币化"不是什么货币革命,"革货币的命"是极其愚蠢的想法,是连"阿 Q"都不如的一种原始冲动。货币已经形成的经济系统很先进,也很科学,任何新的经济系统,如我们在本书中讨论的"数字物权数证经济",都是学习了货币经济的系统模型才构造出来的。

"去货币化"是把货币从流通载体层拿掉,换成一种可编程的全新载体,如

DPOI。这样做的目的是"提纯",它的方向要么是"纯货币",要么是"纯价值","纯货币"也是去货币化的一个结果。如果此处的知识结构触发了你的知识盲区,尤其是货币的知识盲区,你可以到大学图书馆去阅读一下关于货币系统的学术知识,来填补相关的知识空白。总而言之,如果想很好地在一个资产内管理一个"摊位",不断地学习是必要的。

"物权数字化""数字物权首次发行"完成了对货币的区块化封装,并搭建了纯价值流通的"链"模型,这就大大降低了"物权"的提纯成本。或者说如果你是一个私有链,那么提纯工作需要你自己来完成,包括算法设计和平台搭建。

"物权数字化""数字物权首次发行"算法库的职能是"最大限度和最高效率的生产区块链"。这是"物权数字化""数字物权首次发行"能够被"发行人青睐"的核心参数,如果说企业选择 IPO 是为了暴富和一步登天,则区块完成"物权数字化""数字物权首次发行",则是为了获得最高速的投资效率。

"物权数字化""数字物权首次发行"使用的是"多维投资模型"和"共产经济模型"。多维投资就是没有定投锁的投资形态,这是区块链独有的"超能力",在中国链的学术教材中,针对多维投资有很细致的分析,由于篇幅原因,在此处不做引用,因为它已经被封装在"物权数字化""数字物权首次发行"的操作系统引擎中了,你不需要了解得太细,也可以使用"中国链多维投资模型"。这和开车类似,你不需要完全知道汽车引擎的所有知识,你只要学会驾驶技术并考取驾驶执照,就可以享受汽车带来的服务。除非你是要进入汽车制造领域,你才有必要钻研引擎的生产过程。

此处,你只要知道"物权数字化""数字物权首次发行多维投资引擎"可以让"物权"同时产生(投资)多个区块链,且投资额度均可以等于"物权"的资产最大值即可。这是公理,不需要过分地描述。这其实是"去货币化"带来的一种算法机制,在后边的章节中,我们还会在拆分区块结构的时候,做一些必要的分析。

"共产经济模型"是一种智能合伙系统,用大实话来说,就是屏蔽投资风险。因为在传统经济中,金融杠杆的应用似乎和多维投资很像,但是其只是一种现象上的"混淆（扰波）"。金融杠杆是先用债务的形式创造预期的价值结果，然后再用货币流的模式去回购之前创造的债务。当二者能够完美契合在一起的时候，金融杠杆就是一个很棒的二维经济引擎，但是如果出现了不完美或者说不完美得过了头，则就必须要有人站出来承担不完美的后果，这个"站出来的形态"，往往是一个很惊人的"货币债务"。

由此，你也可以理解到"物权数字化""数字物权首次发行"的"去货币化"的必要性，如果允许带有债务属性的货币进入"物权"系统，则"物权数字化""数字物权首次发行"市场则无法保证其纯度，也就无法启动"多维投资引擎"。或者说所谓的"数字化"创造一种全新的资产发行和流通环境，就会成为一个很露怯的伪命题。

从以上的"物权数字化""数字物权首次发行"阈值分析你可以得出一个结论，就是获得"物权数字化""数字物权首次发行"其实并不难，或者说"物权数字化""数字物权首次发行"并没有像IPO那样设置了很多花哨的门槛。"物权数字化""数字物权首次发行"其实在鼓励所有的物权都完成"物权数字化""数字物权首次发行"，而不是去做私有链（后边的章节我们还会讨论数字物权首次发行私有链模型）。

这是"物权数字化""数字物权首次发行"和自由基的一个竞争，其实也是一种市场共建的模型，我们在目前的技术环境下，希望先通过一个标准来简化市场环境，而不是让其复杂化，这是"资本原理"，没什么为什么。有时候就是"为什么"太多，让我们失去了很多先机。现在也是如此，如果我们过分强调区块链自由，而放弃建设一个强有力的市场模型，那么我们很难和比特币以及狗狗币这样的对手形成对峙和分庭抗礼。

曾经出现的"法币潮"，其实就是一次"攻防演练"，即便是现在，人人都可以发币的"资本打击"还在延续，很多投机者和铤而走险的无知莽汉，还沉浸在自由发币、挖矿、建矿区，用区块链发币发大财，然后陷在出人头地的"庞氏思维"之中，或者说还有很多自由基在不断地落入比特币设好的"庞氏思维"陷阱之中。所以，"物权数字化""数字物权首次发行"才会去建设一个清醒的市场空间，并要求所有"物权"保持清醒。

在理论上,我们不会掩饰客观规律和技术,但是在商业上,我们可以直接说"物权数字化""数字物权首次发行"是一个自由基泛滥的防火墙。在当下,在我们的全民所有制还没有取得牢固的"数字化"资产话语权的当下,任何一个中国公民都有义务去贡献自己的绵薄之力来建设一个多元化的"数字化"资本空间,而"物权数字化""数字物权首次发行"就是这样一个"人类命运共同体"的解读者和践行者。我们的行为,不仅要影响本国公民,同时还要唤醒全球的公民,我们不是排斥资本战略,当下的世界不是靠战争和革命去完成建设的,但也绝不能是"一元化"来主导人类的生存模型。

"物权数字化""数字物权首次发行"是一个商科的市场,我们同时是"共产模型"的拥趸,我们呼吁所有的"物权"能够团结起来,创造自己的价值流动空间,并在其中其乐融融地生活和生产。这个空间是全新的空间,需要的是开拓和创业,而不是权谋下你死我活的争夺,利用暂时的优势,通过"政治权谋玩弄世界人民的劳动成果"是可耻和卑劣的行径,不管技术上如何花哨,都会在朴素的"全民所有制下的人类命运共同体"的践行中,变得毫无生机。

第十章

朴素的DPOI原理

本书的核心是要构架"物权数字化""数证经济"的概念，就是要在理论层和实践层实现一个基于"数证"的经济模型。此时你要准确地把握"经济是什么"。经济最重要的属性是：

封闭且携带标准接口（物权数字化公理）。

封闭，代表它自己有完整的运转机制，且不需要其他系统的混淆性介入；标准接口，代表它必须和成熟的经济系统完成标准的通信协议建设，并能够形成"流动"，这样的系统才可以称之为"经济"，二者缺一不可。

我们看一下西方创建的一个经济形态。资本经济，一个以资本定义为运转机制的经济系统。那么，资本是什么？不好说，当下只能说，它是一种模式，一个用四则运算就能说清楚的模式，只是其铺满了世界，很多无趣的人为其做"纬书"，让它显得很晦涩、很复杂、很学术。其实如果世界上不是同时出现罗斯柴尔德和拿破仑，没有了什么新大陆被发现，没有南北战争等契机，很难说资本是不是现在这个样子，这些两百来年的事情，汇聚成的模式，你可以从各种学术角度去阅读，都很精彩，也都很戏谑。

从商科的角度看，资本最厉害的模型就是货币，将货币与行为进行捆绑，形成了当下的经济共识体系。

而"DPOI"就是在货币的土壤里长出来的新物种。先暂且不论它会长成什么样子，有一点是可以确定的：

"DPOI"长得既不像资本也不像货币，虽然它承载了资本与货币的基因，但是由于计算机的侵入，让它本该很"老实"的基因，发生了突变。这种突变的能量不亚于"拿破仑与罗斯柴尔德的同时出现"。

时至今日，近乎 99% 的民众以为比特币和区块链是一项计算机技术，然后你再问他什么是计算机技术，他会给你说出一长串，比如操作系统、C++、Java、数据库、Html 等，以彰显他是使用过两天计算机，或者是出身于 BAT 豪门的工作人员。更多的朋友会将互联网、电商、P2P、大数据、AI、云计算、抖音说成计算机技术。其实，不管怎样，今天你说什么都和计算机技术相关，都不会错，但是也都不对。我们说的"都不会错"是指和商科无关的言辞，"都不对"是指从商科的角度看，"计算机技术"这个词本身就是伪命题。就如我们说现在的任何行为都和工业革命相关一样，没有任何商业价值。

说到这儿，我们有必要从"物权数字化"的系统角度来定义一下"计算机技术"，并说明一下"计算机技术"与"计算机工具"的差别。

商科认为，计算机本身的成长是计算机技术，计算机技术实现的商业空间是让计算机能够更广泛地参与社会行为，并产生收益。除此之外的，都是计算机工具。

这种定义和劳动力与劳动工具的定义类似。

在工业革命以前，劳动力的定义应该就是人，劳动工具基本上就是锄头。在工业革命以后，人首次被"插件"化了，即"安装了机器设备的人＋机器"成为劳动力。例如，各种机器操作员，生产工具扩展到了各种机器的规模化组合，例如一个发电机组是生产工具，控制发电机组稳定运转的人是劳动力，二者加在一起形成了"行为发行的主体"，而后机器喝油吃电，人们拿钱过活，再然后资本来了，资本控制了工业革命后的"劳动力＋劳动工具"的组合形态和把控了分配规则，然后现代大学诞生了。

计算机的诞生，是一次堪比工业革命的变革，如果说工业革命在改变人类肢体工作的模型，那么计算机就是：

- 改变人类大脑的工作模型
- 改变机器的构造模型同时改变人类肢体的工作模型

因此，计算机带来的是：

- 二次工业革命
- 一次脑力革命

计算机大量产生了坐在写字楼里的职业，为其生产"改变人类思维模型的能量——算法"！

其实到了今天，计算机正在开启：

- 第三次工业革命

- 第二次脑力革命

其标志是产业（工业）互联网（Industry Internet）和区块链（Block Chain）。

其中工业互联网会创造物联网，将现有的劳动力进行"去人类化升级（去中心化）"，即很多现有的工作行为和即将出现的很多生产行为，不再需要人类参与，请注意，是去掉人类的生产行为，而不是所有行为。而"区块链"，则是要：

- 重新规划分配模型（×3）（重要的事情说三次）

也就是说，计算机正在帮助人类摆脱现在的劳动方式，同时还能获得合理的收益分配。

感谢计算机对社会的贡献。

接下来，一个很糟心的戏码就上演了，计算机所创造的分配模型，谁来掌管呢？朋友，给你两个选择：资本和全民所有制。

不管你怎么选，"物权数字化"选择了全民所有制。

资本模型是雇佣模型，它负责设计所有行为集合（商业项目）的投入和产出，并利用优先规则把持了分配的主动权。现在很多衣冠楚楚的朋友总是把利益最大化挂在嘴边，以标榜自己是在写字楼里混过。其实那只是一种自我麻醉的"奶嘴儿乐"而已。试想一下，如果资本发现，计算机的雇佣成本远低于现在的人力资源模型，他会怎样？它们会减少分配的基数，而加大单体的分配份额，而什么样的人会获得"一个计算机作为劳动力时代的分配份额"呢？看看现在的华尔街即可。其实我们可以说，资本自己的模型将自己故步自封了，它们倡导的职业化、标准化、智能化，其实就是一种圈层筛选机制，这也是美国的 WASP（White Anglo-Saxon Protestant 的缩写，原指盎格鲁撒克逊新教徒裔的、富裕的、有广泛政治经济人脉的上流社会美国人，现在多指用于泛指信奉新教的欧裔美国人）"理想"，而最终它们希望留在美利坚的是计算机、美元、比特币、WASP 及华尔街精英和类似马斯克这样的白手套，其实你只要仔细分析一下 MIT（Massachusetts Institute of Technology，麻省理工学院）的规则和所谓的摩尔定律，就会深切地体会美利坚的梦想是什么。

而全民所有制与资本的模型设计恰恰相反，它的根本"权"的掌握者是公民，它的模型构造就是为了让"根本权的掌握者获得宏观利益最大化"。对比一下从20世纪80年代到现在,我们国家普通市民的"生活质量发展曲线边际率",再横向对比一下,美利坚这四十年来普通民众的"生活质量发展曲线边际率",你就会彻彻底底地相信,作为人,你应该选择"全民所有制"。同时你也会清醒地认识到,从扶贫到乡村振兴,全民所有制从来都不会放弃系统内的任何公民,并努力消除他们之间的生活差异。因此,如果有了一个更高效率的劳动力使用模型和分配模型,对于全民所有制来讲,那正是它的"理想所在"——让人民生活得更幸福。如果计算机能够将人民的工作简化,那就大力去发展它,如果"区块链"可以把计算机挣到的钱统计出来,那就尽快让它形成收益统计,并通过宏观政策将其发放给"根本权的持有者——公民"。全民所有制不是少数WASP的游乐场,它是一个先进的人类社会发展容器。

说到此,可以说"DPOI经济"了,因为物权数字化已经阐述清楚了自己的立场,我们要做的是全民所有制下的数证经济,我们的DPOI是服务于根本权的。

我们将计算机、区块链、资本、全民所有制、DPOI的关系理顺了,或者说找到了DPOI的商业模型的原始能源,就可开始打造DPOI引擎了。做个总结:

物权数字化DPOI引擎使用的能量源是"全民所有制",而不是"WASP设计的资本掠食模型"。形象地说,我们是辆柴油车,千万别给我们喝汽油!

以上的分析非常重要,读者必须谨记,在今后"物权数字化"系统内,不管你使用什么方式发行资产和运营资产,你都要围绕"根本权"来设计模型,资本的技巧可以使用,但是你最终的服务对象绝不能是资本。

在完成了对DPOI的流通环境约束后,我们就可以从所谓的技术角度来解读DPOI了。

首先,再次回到那个看上去很容易回答的问题上:

· DPOI是不是计算机技术

从我们之前的分析上看,我们可以给出肯定的回答,DPOI是计算机技术,并且是:

· 第三次工业革命

- 第二次脑力革命

核心计算机技术之一，它承载的是计算机参与到劳动力系统中，之后如何设定分配规则的任务，且解决这个任务的形态是一个计算机算法库。

由此，先做出一个关于 DPOI 的简化定义：

DPOI 是"一个计算机专项算法库"。

接下来，一个十分关键的规则设定就接踵而来了：

DPOI 的识别对象是谁？

如果你不知道这个问题是在问什么，我们来换一种问法，看看你能不能回答：

你知不知道"货币的识别对象是谁"？不绕弯子的回答是：货币的识别对象是人，货币只有依附在人的 ID（身份）上，才能够被其他的人所认知，不然它就是一张纸或者一个数字。不要试图去找出什么"不是人"的例子来论证我们的结论是错误的，那是学术的工作，而我们给出的是商科的规则。具体学术用什么去粉饰货币的识别系统，那是其职责所在，无可厚非，大家都是为了经济建设。

顺着"货币的识别对象是人"这个答案，是否也可以回答"DPOI 的识别对象也是人"呢？对不起，这个回答不是十分准确，你是不是以为我们会说完全不对？我们可以和你说一个经济学在商科的范畴，就是任何经济学问题，你都回答和人相关，至少不会错，经济离开人也就没了经济。数证也是经济的一个元素，因此它必然和人相关，但是很特别的是，DPOI 不能直接识别人，它能识别的是区块。精准约束一下就是：

DPOI 可以识别包含人的区块。

有人会问，那么区块链物联网呢？里边没有人啊，DPOI 是不是也能识别它？这个问题问得很好，恰好引出了一个关于"人"的话题。

商科中的"人"，是一个继承于公民的"价值基站"，在：

- 第三次工业革命
- 第二次脑力革命

以前，所有的规则都是围绕这样的价值基站设计的，包括"资产"的发行与流动，都是必须要有人参与的。

　　这个"价值基站"在经济中有一个权利，就是多频次发行自己的行为，或者说一个价值基站可以有以下这样的行为构成模式：

　　·多个劳动力形态（一个主要工作和多个兼职，以换取货币收入）

　　·多个投资形态（以自己的ID为主键，构建的货币或货币锚定投资，以获取资产增值，并以货币形态记录）

　　接下来我们引入物联网（IoT），这里有一个假设，就是物联网，尤其是区块链物联网，可以实现一个完全没有人的行为参与的物体网络，并出现价值的发行与流动，这其实也是：

　　·第三次工业革命

　　·第二次脑力革命

的一个重要的特征，同时我们针对这种情况给出了一个商业约束：

　　物联网内的所有物体、"物体"（区块）和链接模型（网络协议），都必须包含一组"分配ID"，用于将"人"容纳进来。这个"分配ID"在本书中其实就是：

　　·物权或"物权"

　　"物权数字化"利用物权，完成了对物联网的封装，同时用商科的行为屏蔽了物联网中有没有人的问题。

　　商科针对问题，尤其是哲学问题，通常的做法是屏蔽或者给出唯一的解决方案，这是经济系统的公平行为，而不是哲学探讨的"平均"。

　　从"DPOI可以识别包含人的区块"有什么特殊的意义吗？还就是"货币多穿条裤子的事儿呢？""物权数字化"是这样解释的。

　　一个标准区块是"计算机+人"形成的，DPOI可以识别包含人的区块，其实可以简化成DPOI的识别对象是"区块"，因此它能够识别计算机（去中心化思维）。

　　刚刚开始，人还不习惯把自己的某些脑力上所谓优势让出来给计算机，因为人怕失去收入而陷入恐慌。所以DPOI来了，替代了货币，形成了：DPOI，计算机和人的对话空间。

最重要的是，DPOI 完成了第三次工业革命、第二次脑力革命的一项封闭工作，即"数字经济""数据资产"的封闭，这等于告诉人们：

"乖啊，不要怕，计算机不抢你的钱和工作，计算机是来帮你多挣钱，我就是计算机给你分钱的提款机。"

你需要感谢 DPOI，它才是把手机和计算机真正转化为你的劳动工具的"神之使者"，它会带来超越资本狭隘心态的投资理念，它会利用计算机让你有更多的思考，并把你思考的结果变成财富。

DPOI 说：人们更向往自由的脑力劳动，所以人们创造了计算机和 DPOI。

CHAPTER
ELEVEN

第十一章

如何获得人生第一个DPOI

还记得，你人生的第一次赚钱是什么时候吗？赚了多少？看上去似乎很励志，或者你都能猜到一些答案，以及如何展开对答案的分析。很不幸，这其实是个很不好回答，且没有什么商业价值的问题，你的身边其实充斥着很多类似的问题，如果你把它们都拿掉，你会发现一个完全不同的人生。

例如，下一个问题，就很有意义：

还记得，你第一次花钱是什么时候吗？花了多少？

这是个商科的标准课题，我们经常要求我们的学生从这个问题开始写一篇论文，来分析这个学生在经济系统领域中能走多远。

这个问题如果不做论文，仅仅是回答它，其实很好办。答案是：

你绝不会记得你第一次花钱是什么时候，你只能根据你的生日推算它发生的时间，也就是你成为一个受精卵的那一刻，你就开始消费了。至于花了多少，那是个留给学生论述的想象空间。

这是一个标准答案，适合所有的人。

如果这本书是一个电影剧本，我们就轻松多了，我们可以告诉你"当你成为受精卵的那一刻，你就有了自己第一个DPOI"。可惜的是，这本书不是一个剧本，它必须遵从客观事实。

接下来的一个问题，你知道为什么皇权时代的人们都愿意生男孩，而不想要女孩吗？我们给一个答案，这个答案和DPOI有一些"隔空相望的量子纠缠"。

我们给的答案是，那时候生一个男孩，就会获得"一丁地"，也就是说生个男孩就是发行了一个资产，且资产锚定为"土地"。因此，当时的男子，又叫男丁，而生个女孩，基本上就属于IPO失败了，什么也得不到，还要赔上十几年的饭钱。

从以上这个问题可以看出，资产发行的思维模式，其实自古就有，就连生孩子都是一种发行的模式，包括后来的读书，对于男丁来讲，其实是相较于出生更大的IPO对赌，而科举就是IPO的评审机制，一旦中了进入了仕途，基本上就是丰泽后代了。

时至今日的清华、北大、VC（Venture Capital，风投）、PE，在百姓的心目中其实还是沿用着当年的"男丁思想"，没什么高级的。

现代社会没有了"男丁"的发行，现在男女平等了，似乎你的出生就没什么太大的资产意义了，其实不然，只要思想对路，依然可以获得先机。

"从受精卵即开始花钱"这个结论，对于现在的你来讲，其实是一个非常重要的实践经济学的结论。这代表着，当一个受精卵产生的时候，一个围绕这个卵的价值链就开启了，其很多阶段性的价值流动图表，都是很清晰的，如何时出生、何时办百岁宴等，你都能很实在地把控，这就是一种"可以预期的价值"。不过此时请你要注意了，我们不是要你设计针对受精卵的IPO模型，而是要让你知道，DPOI，尤其是现阶段的DPOI，它只允许类似的模型在区块链系统内完成IPO，放在咱们这本书里，就是"物权数字化""DPOI"直接受具备清晰的预期价值的商业模型完成"数字物权首次发行"。

到此，你的物权数字化之路的准备阶段的里程碑（Milestone）已经全部出现了：

Milestone 1，学习理论知识，包括《民法典·物权》、"数字化"、资产技术等，做好成为一个资本市场的专业人士的相关实践性理论的储备；

Milestone 2，达成关于"区块链"的共识，并选择"中国链"作为资产容器；

Milestone 3，认知了"物权"；

Milestone 4，了解了什么是数字化IPO，并选择了"物权数字化""数字物权首次发行"作为自己的新资产发行平台；

Milestone 5，达成全民所有制约束下的DPOI共识；

Milestone 6，站在了人生的一个新起点上，准备获得DPOI来完成与计算机的整合，形象地说，与计算机共同再"生个孩子"，那是一个叫"物权"的商业基站，它将带着你的基因，从受精卵开始发行你的DPOI。

如果说以上的步骤均可以有一个代理平台，例如"物权数字化"来协助你完成，那么接下来"生孩子"的事情，必须要由你亲力亲为了，谁也代替不了你。当然，关于孩子的教育工作，还是有章可循的，接下来我们给出的商业模型可以算是一次"胎教"过程，目的是帮助你在"数字化"系统里，培养一个茁壮成长的"物权""区块"，并能够找到足够DPOI，让其顺利地出生。

先做一个了断，和真正的生孩子做一个了断，因为我们的测试结果是，有些学生深陷生孩子的误区拔不出来，以致做什么模型和投资，都拿生孩子做蓝本的"死读书"现象，我们在此声明一下，后续的DPOI的产生与发行，和生孩子以及办百岁宴几乎没什么相似之处，你不能用生孩子联想法来走捷径，你必须要有创造性思维。

多说一句，用生孩子联想法构建自己的区块链基站的学生比例，是中国同学居多，欧洲的学生更会使用计算机算法，具体什么原因也不太清楚，因此在此处重点提醒一下国内的年轻人，有时候聪明反被聪明误。

现在，仔细阅读一下本章的标题：如何获得人生第一个DPOI，注意力请放在"第一个"上。这里的"第一个"和拥有一个比特币，或者拥有一块钱是完全不一样的量词约束，这里的"第一个"更接近于"第一种"的含义表达，也就是DPOI可以像股权一样。例如，你拥有多个企业的合伙合同，即拥有了多个股权，但是放在二级资本市场上的交易模型是一样的，虽然每只股权的交易价格不同，但它们都属于股权资产。

其次，标题中提到了获得了人生第一个DPOI，在本书中，代表你获得的是"物权数字化""物权资产""DPOI"，这个脚本代码在话术上可以这样说：你在"物权数字化系统"里发行的"物权数据资产"获得了数字物权首次发行的挂牌交易权。

好了，现在是坐下来仔细思考一下，如何在"数字化"的环境里和计算机生个可以预期其价值流动的孩子了，这句话的"物权数字化""操作系统""脚本描述"为：

{

"物权""DPOI" = "人 + 计算机""物权数字化""数字物权首次发行"；

}

短短的一段脚本描述，涵盖了本书之前所有的内容，而现在我们仅仅是坐下来思考，还没有真正地迈出"一小步"。可以说，任何投资型思维的构建，都需要对资产的绝大多数矢量进行足够细致的探究，不然就会误入万劫不复的深渊。

让我们先来选择一个感觉上对的矢量方向，尝试一下。

我们先来问自己一个问题：我有可以"数字化"的物权吗？这是很多普通人在

看到本书的标题后，直接会产生的问题，我们希望你不是这样的潦草，而是读懂了本书的核心知识后，才产生的这个问题。不然，就像一个路边烧烤摊直接问证监会"我这个摊子能上市（IPO）吗？"一样，不是不能问，而是这样问很耗费双方的价值。

从学术上说，任何符合《民法典》规范的物权，都有权"数字化"，只要市面上存在与你的物权相匹配的"数字化（资产化）"通道即可，这是一个市场与产品供给的关系范畴。

所以，我有可以"数字化"的物权吗？这样问题，可以精进到"有没有可以让我的物权数字化的市场？"，这样就清晰多了，或者说它已经是一个商业问题了。

好的，因为我们"物权数字化"是一个"物权数字化市场"，所以这个问题我们可以回答：

我们会遗憾地通知您，不是所有的物权都能数字化，至少在我们的物权数字化内，不能。但是我们不排除有包罗万象的平台，可以将所有的物权数字化。

我们只接收能够产生清晰的生产结果的物权进行数字化，并发行DPOI（"物权数字化""准入规则"）。

就如我们开篇说的受精卵的例子以及"一丁地"的例子，虽然不能完整地描述"产生清晰的生产结果"这个约束，但是其矢量的引导方向是对的。

由于"物权数字化"使用了"区块链"作为资产发行技术，也就是遵从了"区块链去中心化"的思维定式，即：可以"数字物权首次发行"的"物权"，是可以在系统内形成区块链的"物权"，也就是可以搭载系统DPOI，完成投资和价值流动。

这是一个动态评判和无中心的评判原则，也就是说，能不能发行DPOI，其实"物权数字化"说了不算。"物权数字化"的职能是把你的"物权"推送给其他区块，如果你能够形成区块链，即代表你发行成功，如果所有的区块均不接受你的"物权"，则代表你的"物权"不适合"数字物权首次发行"系统，也就不能搭载"系统"。

在经过之上的文字描述之后，我们针对：

我们只接收能够产生清晰的生产结果的物权进行数字化，并发行DPOI（"物权数字化""准入规则"）。

从商业服务层面做一个描述：

Service 1，所有《民法典》规范下的物权，均可以通过"物权数字化（RDTP）"完成基于"中国链"的"区块化"，来生成一个"物权"，此时的"物权"已经携带了价值，但是没有被其他区块认可。也就是，此时的"物权"还没有完成"数字化"。

Service 2，"物权数字化（RDTP）"会将"私有ID（你的）""物权"推送至系统公链中，即形成一个"准发行动作"，如果形成了"区块链"，则系统将捆绑"系统""DPOI"来完成"物权""数字化"。

Service 3，在"私有ID（你的）""区块链"进入结算流程，则"系统""DPOI"会协助你完成结算，并解裂该区块链。

以上三项基础服务，是你和"物权数字化（RDTP）"频繁交互的服务行为，从这三项服务中，你应该体会到了区块链的优势是在于"对你的资产的呵护以及计算机进入到你的劳动序列后给你带来的帮助"。

不过，我们还是要告诉你，虽然计算机会一视同仁地对物权进行区块化，但是"物权数字化（RDTP）"还是要人为干预这个服务，原因是算法的效率，"物权数字化（RDTP）"会从商业上选择更具有竞争力的物权进行"数字化"，同时会屏蔽一批低效物权进入系统。

这个效率值被叠加在了"你第一个获得的DPOI"上，任何"区块"获得的第一个DPOI都是一样的，即"物权数字化""DPOI"。你可以通过"物权数字化（RDTP）"的区块化服务来检测一下是否可以拿到这个DPOI，同时也就知道了你的物权是否达到了在"物权数字化（RDTP）"中的效率阈值。

本章的重点有两个：

（1）我们只接收能够产生清晰的生产结果的物权进行数字化，并发行DPOI（"物权数字化""准入规则"）；

（2）"系统""DPOI"的效率阈值。

这两个重点，引导你在理解了物权数字化的理论知识之后，来发行自己的物权数据资产，虽然你也可以胡乱地尝试，但是请注意，我们的区块化是收费的服务，虽然费用不高，但是你也没必要"像买彩票一样无节制地创建'物权区块'"。

而接下来你需要做的，依然是再静下心来学习（或者你自己做一个私有链）。

这时学习的焦点会集中在你的第一个 DPOI 的属性上，尤其是它的效率属性，当你掌握了它的一些规律后，你的"物权"将会展现出极大的活跃性，而你的物权资产，将会带你进入一个财富增长的快轨。这其实也是全民所有制的诉求，让更多的物权持有者，通过"数字化"完成：

- 全新需求的发布
- 全新产品的设计和生产
- 全新资产的投资与流动
- 全新劳动力和生产资料的定义与诞生

形成一个基于"物权数证"的经济空间，为绝大多数国民提供新的资产支配权——全民所有制下新经济的核心价值观之一。

这种宏观的经济态势，是需要从微观的物权开始，从物权到"物权"，再从"物权"到第一个"物权""DPOI"的出现，每一个"物权"都会贡献自己的新经济效率，大家的效率通过矢量叠加，就形成了国家的竞争力和全球经济话语权。所以，让我们共同努力，更多地发行"你人生中的第一个 DPOI"。

CHAPTER
TWELVE

第十二章

高维经济根服务分析

我们在提出了"DPOI"的效率值之后，就会自然而然地产生"这个效率值是什么"的问题，因为现在的焦点是了解了效率值，就可以完成"微观""数证经济"从势能到动能的转化过程。由此角度看，"DPOI"的效率值像是引擎的点火装置，一旦点火成功，动态的物权数字化价值流动就出现了，并会在合理的矢量约束下形成"经济规模"。

先来简单地看一下生产的过程，同时也是一个资产的算法分析过程：

第一步，创造需求共识；

第二步，拆分需求共识所需的生产步骤；

第三步，准备生产资料、劳动力（此时还有一个资本准备过程）；

第四步，构建市场，形成需求与供给的接洽；

第五步，规模化；

第六步，并入经济网络。

请你看一下，物权数字化在哪一个步骤上？我们先来回答在传统经济或者叫货币混合态经济的系统内，一个资产会习惯地着床于哪个环节上。

首先给出一个方向性的答案，就是传统资产在六个环节上都有部署，只是由于资产的属性不同，所以部署的位置也不同。

顶层掠食者，或者我们常说的资本"大鳄"，会习惯性地部署在第一个步骤上。

教育类资产和研发类资产会重点考虑部署第二个步骤，如硅谷。

二级资本市场相关的资产，喜欢第三个步骤和第四个步骤。

第五个步骤是小型资产喜欢的区域，如中小型企业、服务型企业、终端市场模型等。

第六个步骤其实还是顶层掠食者的天下。

在我们国家，第一个步骤和第六个步骤，更多的是由宏观决策来部署的，这是全民所有制和资本战略的区别。

我们首先使用一个算法继承的模型设计，即"数字化"产生的经济空间中也存在类似传统经济的生产步骤，即：

第一步，创造"数字化"需求共识；

第二步，拆分"数字化"需求共识所需的生产步骤；

第三步，准备"数字化"生产资料、劳动力；

第四步，构建"数字化"市场，形成区块链；

第五步，构建多维区块链拓扑；

第六步，并入"数字经济"网络。

那么"物权""DPOI"会在哪个步骤上出现呢？首先，我们可以肯定地讲，这个选择将直接影响"物权""数据资产"的收益，也就是之前提到的效率值。

从商业的规律上说，"物权数字化"平台只能给出一个自己的效率值设定，而无法给出所谓的最高效率值。这个很好解释，就如 IPO 可以创造一批大规模财富拥有者，但不是每个人都是首富。能不能成为首富，看造化，但是不经过 IPO 就称为首富，那可能是统计学出了漏洞。因为，没有 IPO 就没有股权估值，一个没有估值的首富，需要拥有数千亿元的货币，但是经济学中拥有数千亿元的货币的主不会存在。因为现代的资产模型，没有一个在百年之内依靠倒腾纯货币最终达到数千亿元储量的模型，这不是不行，而是这种模型是在侮辱现代精英的智商。如果不信，你可以找一个环境模拟一下。

所以，"物权数字化""DPOI"会给出一个标准效率算法，并会捆绑在"数字物权首次发行"这个 BaaS 上。

首先，我们选择了步骤一：创造"数字化"需求共识。

作为"物权""数据资产"的接入点，如果你选择了其他环节进行接入，你可以通过与"数字物权首次发行"平台内的区块链链接（合伙）的方式，来验证系统的"DPOI""效率值"。

这个切入点，在互联网思维或者更直接地描述为"互联网算法库"形成以前，并不是很好的选择，在资本主义以前，能完成从"资产共识"层切入的都是改朝换代的帝王。

而且由于封建时代其实没有什么经济模型，都是为了争夺财富分配权，所以战火不断，百姓没有过上什么安稳的日子。因此我们的经济学术层，将封建主义即以前的经济称之为"一维经济"，也就是所有的需求都是皇权的意愿，因此也就没什么大发展，就在一根绳子上杀来杀去。

资本主义好多了，出现了多种经济模型，我们将其称之为"二维黑洞模型"。它有一个类似黑洞的引力场，离引力场中心越远，人们的思维矢量越不受约束，因此达成的共识也就越片面（熵值较高），这也是为什么百姓经济创业普遍很难大成的一个重要原因。而离引力场的中心越近，则其"质量越大"，也就是所谓的资本财富聚集得越多，在这个领域的人思维矢量基本一致，看一看 MIT 系统即可得到一个简单实例。因此这批人创业要容易很多，且可以设计所谓的"成功规则"，如"Windows+ 计算机"可以成功、"谷歌 +AI"可以成功、比特币可以成功，这些看上去客观的成功，其实都是"设计好的戏码，而且还可以重复地演来演去，就如现在的马斯克 + 狗狗币，已经演到都不愿意去粉饰了，看来处在中心的人脸皮是一代更比一代厚了"。

客观地讲，二维经济已经是非常棒的经济模型了，它开始让人们逃离战火，因为经济越是发达，打仗就越不赚钱，越不赚钱就越没人再愿意去刀头舔血。相比而言，比特币已经能够将整个"二战"的收益踩在脚底线摩擦了，为什么还要忽悠人去拼刺刀呢？

如果客观地分析"二维资本经济"的算法，你会很容易地看出来，它释放出了"模型"这个东西，而且，"经济"这个词汇都应该是在二维资本中被定义出来的（公理）。

资本首先封闭了"资本规则"，这个东西不许触碰，同时以资本为中心，释放出了多个算法库，如工业、农业、第三产业，然后发现了一个扩张的最佳效率，就是释放"经济模型"，让"任何人都可以定义经济，并在自己定义的经济模型内创造共识"，并在其达到某一个阈值的时候，发放给它一张"经济的牌照"，即允许其与资本经济网并网，因为所有的"新产生的经济阈值，多数是继承于资本释放的模型的（看一看大学教材，即可得出该结论）"。因^T&A，其并网后，自然会和"黑洞中心的矢量约束相同"，因此也会毫无违和感地进入资本的核心区域。

印证以上论述的实例就在华尔街,如果你还想更深刻地钻研它的算法库,那么你就再研究一下 MIT 的职能即可。当你把华尔街看作一个经济容器,把每一个 IPO 看作一个新型经济模式的发行,其实真的毫无违和感,因为华尔街就是资本的一个舞台。

但是从 20 世纪 80 年代开始,计算机引导的:

- 第三次工业革命
- 第二次脑力革命

的商业计划书,被放在了资本的案头,而后摩尔定律诞生了,资本开始尝试了它诞生以后的"最大一次冒险"。

在经历了四十年的挣扎和博弈以后,资本得到了一个令其十分茫然的算法库,在计算机、计算机软件、互联网均顺利地成为"经济组件"之后,算法库反馈了一个漏洞,就是如果想继续保持系统的稳定,现有的黑洞二维系统,已经无法承载了,必须要在维度上进行升级。

"区块链"为这个世界给出的第一个经济升维的理论,或者说"DPOI""算法库"中的第一条阈值限定是:

- 政治是基础,经济是上层建筑,技术是劳动力组件

在此之前,二维资本经济系统给出的公理是:

- 经济是基础,政治是上层建筑

我们学习市场经济的时候,就背诵过这样的条款。其实这个东西至少在 21 世纪初就开始被弱化了。从我们之前的"资本算法库"分析即可知道,这个话术的描述是一个场景,谁掌握最大的共识约束力,谁就是基础,上层建筑要建在基础之上,不然就是空中楼阁。

谐谑地说,在还有人吃不上饭的时候,这个说法尚且可以,因为经济其实就是资本,能够比政治更快地创造饭碗。

但是在当下,中美两国早已都能吃上饭了,同时公民建设在货币上共识却出现了很多蹩脚之处。(由于篇幅限制,且相关论述不是本书的侧重点,暂时不展开描写,

如感兴趣，可关注本系列丛书的相关专项书籍）也就是说，吃饱了饭的人民发现资本其实一直在说一套做一套，而且从来都不承认自己挂羊头卖狗肉，于是，人民开始自发地寻找答案。

美国人民找到的是比特币。

中国人民找到的是脱贫、乡村振兴、数字经济、工业互联网、环保、人类命运的共同体等。

对比一下你就会看到，中国正在创造经济模型，美国正在偷梁换柱地保住美元。

原因很简单，因为经济已经进入全面多样化的时代，所有二维资本的规则都会面临升维的考验。因此，它不再是基础，它更应该扮演多姿多彩的上层建筑的角色，而稳定且持久的政治，才会是三维经济的支点。这一点，先贤说过，我们的党用一百年的时间把先贤的预言变成了现实。

在经济算法库从资本算法库向更高维度升级的当下，还没有一个确定的名词来代表三维经济算法库，我们要等待宏观层最终的定案。

从微观层面看，中美两国最接近的一套算法库描述均为数证经济（DPOI Economy）。

但是二者的规则完全不同，从构架层就不同。"物权数字化""数证经济""算法库"只分析中国区块链模式下的规则和场景，至于美国的"数证经济"，你可以选择性地阅读一些。

"数证经济"的区块链脚本设计可以用以下的脚本代码来封装：

"数证经济"extend"国家公链"

{

"数证经济"create My DPOI Economy（"ID"，"物权资产"）；

{

return"国家公链""根服务".value Data（"ID"，"物权资产"）；

}

}

"国家公链数证经济算法库"的一个降维定义是：

每个区块或数资公民，均可调用（所有）公链资源，生成一个私有经济阈值，并通过向根服务申请数证的方式与国家公链并网运行。（物权数字化 | 降维公理）

首先说一下什么叫"降维解读"，即国家公链的数证经济是一个高维度模型，其针对每一个使用它的阈值均会分配一个维度 ID，且该 ID 将会计入公链数据库，学过数据库的人都知道，作为一个表的一个记录，你的维度是低于表的。从商科经济学解读就是，你的解读只能代表公链的一个（量子）纠缠维度，而不能干扰其他维度的纠缠。

通俗地讲，"物权数字化国家公链数证经济算法库"是"国家公链数证经济算法库"在"物权"上的一个投影，你也可以独立创造"国家公链数证经济算法库"的投影，并与"物权"维度不相干扰（两个降维解读，也就是两个国家公链降维实例之间也可以通信，相关模式可阅读相关资料或书籍）。

可以看出，在物权数字化数证经济的降维解读中，我们直接使用了"国家公链数证经济算法库"的全民所有制模型，即允许每一个合法区块具备相等的"权"，且可以获取完整的公链信息。这个设定是源自区块链"去中心化"的定义。

"去中心化"这四个字代表着一组非常精密且维度很高的构造模型，你可以将它和"克莱因瓶"相比较。对其正确地"解构"，即可获得一个正确的矢量约束形态，并由这个形态设计你的思维共识算子，比如，你可以试试"去中心化弦理论"的解构通道，来形成一个带有政治约束的"弦"，你就会解读"全民所有制的构造函数"，并理解它的优势所在。

接下来，我们给一个"物权数字化数证经济弦"的一个实验报告，用于阐述为什么是"全民所有制"，而不是"全民参与制"，即为什么中国的核心优势是"共产党领导下的全民所有制"，同时你也就理解了为什么"中国可以在数证经济上独领风骚"。

我们在构建"物权数字化""数证经济"实验室模型的时候，构造了两套算法库，即全民所有制和全民参与制。

全民参与所形成的价值收益,都会归胜出者,俗称"割韭菜"。而且,看上去很公平,宽进严出,谁叫你技不如人,又没拦着你超越别人,你可以努力啊。因此还有很多励志的模型出现了,宽进严出的大学也出现了。或者说,全民参与制的规则就是宽进严出,且都会被约束成一个竞技游戏,优胜劣汰,最终出现英雄。人们也觉得挺好玩儿、挺刺激,万一我就是天选的那个唯一呢?万一我就是下一个马斯克呢?但是这里存在着一个不可忽视的漏洞,决定最终胜出的英雄的规则是什么?是MIT的学位,是华尔街的钟声,是硅谷的传奇,还是漫威电影?

此时,你再看一下"去中心化"这四个字,有没有看到望月新一的笑容?

"数证经济算法库"如果依然使用全民参与制模型,那么仅仅就是一个英雄的循环,而且马斯克正在登上这个英雄的第一把椅子(英雄可以有几个,看规则设计者想要几个)。那么区块链抛出:去中心化的意义是什么?真的是像现在坊间酒肆中传言的去中心化就是个不可篡改的技术吗?请别侮辱人类的智商了。

"去中心化",从一开始就给出了"数证经济算法库"的阈值,而且那支希望的箭矢,直接射向了东方那个有着五千年传承的国度。

有一个问题,我们先提出来,看看你怎么回答。

我们国家的芯片产业,也就是所谓的全球顶尖科技被美国挤对的时候,为什么我们国家还是要把"乡村振兴"放在很重要的宏观战略上,而不是大肆鼓励全国人民都去搞尖端技术?

这事情,一句话就能回答:为人民服务。

从构架模式上,我国的全民所有制,其实是一个"共同拥有资产的模型",也就是整个国家的资产归整个人民所有,所以它的政治系统的算法库,均要以此为准则约束来制定行为规范。凡事在宏观上利于"全民分配"的事情,都要放在前边去做。

如果你仔细地分析一下我们国家的经济运行轨迹,你就可以看到一个完全不同于美国的战略,我们的策略是国家先致富,然后不断地创造让每个公民都能跟着有收益的战略,从微观上你总是能看到一个现象,就是我们的国家不太允许"商业英雄太过嘚瑟"，总是审时度势地帮助这些很像美国英雄的人们理解"为人民服务"的含义，所以我们国家的综合实例的评判值是国富民强。很多人认为"藏富于民"更好，更能代表政府为人民服务的模型，其实这恰恰是一种错误的"以自己为中心的自私思维"。再小的国家，比如摩洛哥、洪都拉斯，也许会好使，但是一个14亿人口的泱泱大国，靠一群富人去完成为人民服务，其最好的结果就是：美国的全民参与制度。

目前全球的体制就是中美两种体制，至于欧洲的高福利、高税收的模型，很脆弱，不能作为社会的基础来探讨。尤其是在政治为基础的时代，政治的算法先进性，才能决定经济是否能够形成多维扩展。

针对全民所有制做了一些简单的特征分析后，我们就来从算法上分析一下全民所有制的高维特性：

全民所有制的发展目标其实是一种分配模型的均衡，因此，其可以探讨一个"全民参与制"不可能存在的经济维度；

一个公民不增加劳动，甚至不参与劳动的前提下，还能够不断地获得稳定的收益和一个大于0的收益增长率。

我想你读本书读到此处，应该知道以上所指的公民不是顶层掠食者、退休人员和本身不具备劳动能力的特殊人群，而是指一般的劳动力单元。

这个经济维度其实现在已经存在了：其中一个是"全新劳动力模型计算机系统"。从商科（"物权数字化商科"）的角度看，创造大规模计算机劳动集群、产品市场、需求空间组成的"新经济闭环"，已经不是什么遥不可及的事情，而已经是正在大踏步实现的事情。而此时对于全民参与制的系统，就出现了再也不需要公民也能产生收益的"经济维度"，你怎么完成分配呢？这个我们回答不了，你自己慢慢地看结果吧。

而在全民所有制的系统内，这个所谓的没有人民参与也能产生收益的经济系统，却会成为系统升维的利器，因为全民所有制只考虑"收益分配算法的建设"，而收益是不是由公民劳动产生的，并不是全民所有制关心的事情。这就是两个看上去很普通的词汇——"参与"和"所有"。

衍生出来的迄今为止最伟大的算法约束。

"参与"是中心化的，必须有主体、有标尺、有规则，因此顶层掠食者制定规则，收割主体。

"所有"是去中心化的，只有分配原则，因此它需要一套先进的分配机制，也就是"政治系统"。

因此，升维到一个三维以上的经济体系，或者说当经济维度的表达式为：

"三维""经济维度"="全民参与＋计算机劳动力系统"

的时候，"政治"必须足够先进，才能为整个生态提供坚实的支撑，这就是为什么经济多样化的时候，全民参与制和全民所有制还能分庭抗礼，但是到了经济高维化的时候，全民参与制就力不从心的原因了。

自从人类诞生伊始，就不存在"只手遮天"的模型，都是在相互制衡和相互学习的环境中获得精进和阶跃的，这种客观存在不是一个"拿破仑＋罗斯柴尔德"的戏码就能突破的，人类的智慧也不是一本《国富论》就能盖棺定论的。我们甚至认为，在全民所有制之上还有更加先进的社会生态模型，但是那也是一种"连续的算法积累形成的突破"，也就是说，现有的社会算法库该是基于全民所有制去建设了。

CHAPTER
THIRTEEN

第十三章

数证经济导论

把之前的文字打个包，然后贴上一个标签，即可做顶层规划实例了。这个标签，我们选择的是"数证经济"，严格约束成我们自己的阈值就是：

"物权数字化""数证经济"。

专利所有，切勿断章取义。也就是我们要和其他类似的机构和团队说清楚，你要拿去便拿去，但是不可只拿其中的某一部分，断章取义，害人害己。

当一个系统贴上标签后，它的目标就是开始商业化了。从我们追随的根服务系统出发，我们再次回到上一章那个起点：

- 第一步：创造"数字化"需求共识

同时也是我们的算法库切入点，或者说，我们的"数证经济"是从最原始的"共识"开始构架的，而且我们构架共识的重点是：

计算机是主要劳动力。

在有了全民所有制的约束下，计算机成为重要劳动力的经济系统是一个非常值得期待的"新经济空间"。

谈到"经济共识"，首先就要谈"资产共识"，也就是没有原动力地去谈创作，就如同"俩酒蒙子谈论如何成为马云"一样有趣，我们都是践行者，有趣的事不是我们关心的事，我们还是脚踏实地一步一步来。

从之前章节的系统拆解分析中，我们知道，"物权数字化""数证经济"的资产封装是通过"物权"来完成的，从技术角度上说，任何人均可以定义和封装私有的"物权"，现在就是要看你：

是不是全民所有制"物权"，请注意，在"全民所有制"上，我们没有使用"【】"这样的区块链脚本封装符号，这就是说，全民所有制是不能区块化的，是顶层的根服务系统。你、我以及所有的数证经济，如果要在中国的系统里进行经济级别的构架和并网，你就必须调用全民所有制接口。所以，技术角度上说的"物权"，需要在全民所有制上做一个约束：

"物权数字化"的资产共识是全民所有制"物权数据资产"。

这个约束是强制性，举个例子我国政府不允许发虚拟币，则比特币、狗狗币等

虚拟币在"物权数字化"中就不是"物权",也不可能成为"物权数据资产"。这个限定很重要,因为"中国链物权数字化数证经济"的"去中心化"原则,是允许全球任何的商业节点接入"全民所有制 | 高维经济"的,但是在它接入之前,必须接受全民所有制约束。也就是说,其不能在任何区域,以任何技术将我们否定的资产形态带入我们的"数证经济"。

这就是"政治为基础,经济是上层建筑"的一个实例,或者说这是高维经济的一种"去中心化'权'的算法设计"。在后边,我们讲到"物权数资城市"的系统时,你还会更深刻地体会到政治维度先进性的优势所在。

所以,在"物权数字化""数证经济"内,首先是要贯彻我国的政治战略,并作为所有资产的根服务套件,进入到"私有物权"中,并会链接到"私有物权数据资产"之上。

在有了"根共识"之后,再谈"数证经济",就好谈多了,或者说就没有什么不能拿到桌面上说的东西。因为有了政治约束,你就不用去动什么歪心眼儿,或者想走什么捷径,如传销、非法集资、非法 P2P 等,所谓的小伎俩,请不要和"数证经济"做任何勾连,也就是不要辱没"数证经济"的清白。会搞"数证经济",能用"数证经济"提升经济维度,国家一定会支持,但是明知道什么是国家不允许的,还想借着"数证经济"打擦边球,请好自为之!

再次强调,"物权数字化""数证经济"是以政治为基础的新经济系统,其所有的共识算法,均会以政治约束为前提。

这也是"物权数字化数证经济构架"的核心属性,以后衍生的各类算法库,均在该约束下有效。

那么接下来,就要谈谈纯技术的事情了,也就是该面对"数证经济"的另一个核心元素"计算机"。

第十四章

数证经济与计算机

政治技术经济学的第二个必须要去构架的系统，在政治和经济都得到共识性的约束后，我们必须面对这个最难约束的元素了。

之所以说它难，是因为计算机没有什么可以"宽泛解读的余地"，它"长"得很清楚，或者说太清楚了。

我们先来说一下什么是计算机，用约束化的语言表述是在本书范畴内如何定义计算机。

计算机是"数证经济"的劳动力和劳动力市场的商业基站。

请注意，以上公理使用的"充分条件"描述原则，它表达出来的意思是：计算机是数证经济的劳动力，但数证经济中的劳动力不一定是计算机。为了防止思维混淆，这个前置思维必须要限定好。避免后边探讨"区块"基站的时候，出现二义性的矢量熵。

同时以上的公理，屏蔽了另外一个和"物权数字化""数证经济"无关的计算机科学阈值，就是现在市面上流行的"纯计算机技术以及因此产生的大学学科和职业设定"。

我认为这会让你放松一点，毕竟如果从计算机代码和硬件技术给你讲起，你基本上就会处在蒙圈的状态。因为几乎已经没有哪个人可以完全理解计算机代码的能力了，AI 正在让计算机进入自我成长的阶段。当然这也是 AI 代码工程师的杰作，但是大多数创造计算机伟大代码的工程师都不懂经济，尤其是不懂美国经济。

计算机进入经济系统，并在当下成为新经济的劳动力，其实是经过了一个周密的布局和近四十年的实施过程才得以实现的。

翻开 20 世纪 90 年代的历史，你可以看到："中华大地上，关于计算机的第一段历史，那时候有了史玉柱，有了张朝阳，有了裘伯君，有了陈天桥；有了中关村盗版光盘的魅影，有了联想这样依靠攒电脑发展起来的巨头。那时候的冯鑫开始做显示器，那时候的雷军在崇拜裘伯君，那时候马云辞职了，那时候的马化腾在借钱；那时的中华大地上出现了股市，有了'92 派'，同时也有了互联网'草根'创业的传奇。"

其实研究 20 世纪 90 年代的计算机发展史，基本上就可以映射接下来计算机在"数证经济"中会出现什么样的发展曲线，我们可以大胆地推测：很类似！

反而是到了大家都吃上饭了，"C++&Java"加上数据库成为程序员的必备技巧了，写互联网脚本的都致富了，BAT（B指百度Baidu，A指阿里巴巴Alibaba，T指腾讯Tencent）成了英雄的代名词的时代，这些之后就没什么可以研究的了。因为研究它们就不如研究硅谷和华尔街，可以说，本指望中国的互联网"草根"能够复制硅谷和纳斯达克到中国来，但是它们却任何有用的事情都没做到，或者说，现在的互联网经济是个鸡肋经济，没有达到政治对它们的期望值。

这是我们要在新的经济系统——"数证经济"中必须总结的教训，而不是发掘什么成功经验。因为中国互联网的成功最终落脚点是在钱上，但是它们并没有形成"中国化"的"互联网经济"。是的，没有完成这个任务，我们在计算机的技术系统和商业系统的铺设上，完全遵循着规则的创造者限定的阈值，我们太老实了，老实得有点过分了，甚至老实得有点愚昧，我们在技术上至今还没有形成匹敌硅谷的模型，可以用悲哀来形容。

在之前的计算机经济技术库中：
- 我们没有自己的操作系统
- 没有自己的计算机语言
- 没有自己的互联网协议
- 没有自己的人力资源输出模式
- 没有自己的摩尔定律
- 没有自己的经济模型
- 没有自己的数据库
- 没有自己的云服务系统
- 没有自己的AI算法库
- 没有话语权

而现在，我们不得不再次面对"数证经济计算机"，这虽然是一个新的开始，但是之前的坑不能一铲子就填上，或者说上一代"草根"创业成"大鳄"的那些人留下的问题，我们不可能只靠遵循全民所有制就能直接解决。

从做新经济构架的角度看，从阿里巴巴开始做 ABS 的时候，从腾讯越来越像韭菜收割机的时候，从现在的互联网圈子越来越像东林学派的时候，我们就不能再期待它们还能"打硬仗"了。果断地放弃，会比明知不可为还要赌上我们自己的命要实惠。

这也是我们说为什么在"数证经济"中重定义"计算机"是最困难的事情的缘由所在。

既然揭开了伤疤，那就让我们揭得彻底一点。还有一个关于计算机很遗憾的事情，就是当下工作在互联网产业中的绝大多数劳动力，都不适合工作在数证经济中。"数证经济"去创造一个独立的"计算机 + 人"的全新形态，才能约束劳动力形态完成价值载体的职能。

我们痛心和遗憾的原因是，谷歌、亚马逊甚至苹果都已经完成了这套系统的建设，也就是"AI+ 区块链"的新劳动力模型。可怕的贝佐斯，可怕的美国计算机经济的缔造者们，他们值得尊敬。

在我们的自媒体达人们，在看了一些外国的信息之后，大呼小叫"未来五年，很多职业都会消失"的时候，"AI+ 区块链"的部署通过了原型测试；在我们还热衷于区块链能靠炒币发财的时候，"AI+ 区块链"完成了终端接口的测试，并开始铺设基站。

在我们慨叹，AI 真牛啊，可以人脸识别，可以模仿真人，可以读书读报，可以植入脑子胡思乱想的时候，"AI+ 区块链"宣布摩尔定律失效了，新的秩序已经建好了。

以上的事实，是我们构架"数证经济"的人们必须冷静面对的现状，我们不是没有对手，相反，我们的对手比起四十年前更加强大。

因此，我们必须承认，在"数证经济"的基石——政治和技术上，我们的模型和美国的模型是 1:1 打平的，如果我们说政治层面的绝对优势，可以维持这个平局态势很长时间，那么在计算机的层面，我们有机会翻盘吗？

从乐观的层面说，我们做"数证经济"要比美国相对容易一些，因为美国不能也不敢改变它的政治形态，因此它的政治劣根性会拖慢它的计算机优势，但是我们不能因此就忽视"AI+区块链"的能量，我们必须从今天开始，正面对峙"AI+区块链"，这个行为可以自豪地说，四十年前的草莽没干成的事，今天让我们来试试。

回望20世纪的中关村，我们的草莽们曾经用"盗版光盘"来阻击境外软件的高额使用费。结果就是帮助境外的软件达成了共识，并打击了原创软件产业的兴起，而且这个毛病还延伸到了后来的模式层。甚至现在，我们的互联网企业都没有一个原创模式，连游戏模式的原创都没有。也不能说完全没有，史玉柱还是创造了一个，很有用，大家现在也都在用。

好了，现在我们面对"AI+区块链"，这个"数证经济"的劳动力模型，再拿过来复制可以吗？

你以为我们会说不可以吗？你错了，我们非常鼓励这次能有某"大鳄"把这个模式复制到现在互联网产业中来，并快速形成市场。原因很简单，这个模式其实是朴素的，不带有任何阶级性，也不是波尔津吉斯的"奶嘴乐"。但是，对不起，我们复制不了，因为"AI+区块链"，不是eBay！不是ICQ！不是雅虎！不是奈飞！不是推特！不是脸书！不是谷歌搜索！不是Paypal！或者说不是贴牌儿的韭菜收割机！"AI+区块链"是全新的计算机模式，是经济模型，即便是给你全部的代码，你也整不出来，这和安卓还不同，安卓至少还让你做个小米、Vivo、华为，但是"AI+区块链"，连这样的接口都没有留给你，因为"AI+区块链"做的是市场模型，是：

"数证经济""市场模型"！

我们必须清醒地认识到，凡是市场占有的模式，都是复制不了的，就和美国复制不了我们的全民所有制类似。

虽然复制不了，我们还是简单地解读一下什么是"数证经济"的"AI+区块链"，同时也解释一下为什么这个模式不好复制。

"AI+区块链"的部署流程是这样的：

第一步，创建谷歌和亚马逊，两大数据源公司，同时一个负责定义AI的规则，一个负责整合传统商业用户。

第二步，发布云计算产业规范，这个东西可以被拷贝，阿里云就是。或者说这种不走脑子的事情都会很快地被复制出去，已形成全球共识，这个战术很高明，它让以后的全球劳动力云接入变得毫无障碍。

第三步，发布一个"伪大数据产业规范"，闷头儿整一个区块链(价值大数据模型)。目前我国的互联网公司拿到的都是这套"伪大数据产业规范"，也就是我们俗称的点击率变现，其目的是让这些企业进入到技术研发停滞，而全部优势资源进行点击率开发的状态，很好，很成功。

第四步，发布DPOI，即数证经济接口。这个我们就做不了了，你要是做了，就是发虚拟币，因为我们没有之前的准备阶段，所以只能复制发币这个动作。

第五步，封闭市场上线，所有人都可以通过"DPOI"赚到"DPOI"，并可用"DPOI"在系统内消费。

举一个简单的例子：如果亚马逊有一天说，你去下载一个Sagamaker用它就可以调用亚马逊平台内的所有商铺的资源，并在谷歌AI的指引下，开发出属于自己的区块链产品，并可以搭载它们的"DPOI"在全球范围内销售，销售市场可以是亚马逊区块链和谷歌区块链，甚至还会有苹果，然后它们会帮你接通各大银行、股市、PE，帮你以DPOI的形式完成对资源的担保，也就是你不需要支付给亚马逊平台内的商家任何货币，就可以锁定它们的资产、货品、加密数据资产，来作为自己的开发，只要你的开发计划书通过了"亚马逊区块链"的审核，或者谷歌AI的审核，这个过程基本上相当于直接获得了亚马逊的天使投资或VC。

在这种诱惑下，如果你是个年轻人且对网络创业充满了敬仰的时候，你是不是会加入亚马逊的"区块链DPOI"计划？

如果接下来，亚马逊再放个大招：凡是注册亚马逊DPOI的开发者，将会直接获得20万个亚马逊DPOI，而只需要完成一系列的亚马逊区块链和谷歌的任务即可，且任务收益还会归开发者所有！你觉得，这样的设计要收割全球的精英劳动力成为"AI+区块链"，进入到"数证经济"中，会很难实现吗？

而且这仅仅是"数证经济"的一个小小的开始。如果亚马逊将其用户的"物权"做一次资产发行，并捆绑亚马逊DPOI，再加上摩根大通这样的资本推手，你觉得我们的强人能扛住吗？"物权""数字化"的争夺在"数证经济"内是什么地位，从以上的亚马逊区块链计划里，已经可以感受到了吧。但是真正的"物权海啸"其实还没有来，只是现在的你先要理解目前"AI+区块链"的先锋战术即可，太大的能量，等你有了抵抗力再去分析吧。

我们希望你能从这一章，虔诚地转变你对计算机的"三观理念"，以及对计算机技术在"数证经济"中的地位和作用有一个大略认知，同时也对美国四十年的积累给予足够的尊敬，这样你才能学习到真正的"数证经济"，即便你以后不会在"数证经济"领域内部署自己的资产和行为，也请你能够传播正确的"数证经济"知识。

CHAPTER FIFTEEN

第十五章

数资城市

一、数资城市

当下的"数证经济"可以用"两军对垒"来形容，光靠经济学家动嘴皮子肯定是不行的，也就是写上一箩筐的文稿，去论证新经济的学术公式，不如直面敌人，做好足以匹敌的准备。

从上一章的分析上看，可以看出一个"世界性的'数证经济'沙盘"，如果包含"比特币这样的战术性试探"的话，其实中美之间的数证经济已经进入了对抗阶段。

好了，不管是沙盘还是即将会发生，我们都不能回避类似"亚马逊区块链"的威胁，尤其是，如果其真的将其系统内的商家和商家数据加上一组 AI 算子，通过"数字物权""数证经济"的形式发出来，我们有没有能够与之对抗的"数字物权""数证经济"模型呢？

其实先别说有没有，我们先分析一下，亚马逊或者类似的巨头：

（1）会不会在"数证经济"上动手？

（2）会不会发 DPOI？

其实答案只有两个，即会与不会。而从现在的态势上看，不发 DPOI 的可能性不大，因为一个近四十年的大局的战略团队，不可能看不到如此明显的战略要点，我们不能幻想对方会给我们留出充足的时间去准备。

所以，不管回答对方是不是会部署"数证经济"，我们都要开始准备自己的"数证经济"。

关键性的构架问题出现了，我们如何准备？

首先，从单体企业规模上和计算机技术上，我们都不占优势，客观地说，企业、资本、计算机都是舶来品，人家给你的同时也留了后门儿，从人家的核心优势死磕，这样的选择太不明智了。

我们先回到"资源层面做个对标，看看能不能先找到足够对抗的资源"。

从"亚马逊区块链"、谷歌 AI、云计算、大数据这样的部署模型上看，它的结构其实很像一座城市，或者说很像是一种新型的城市模型。注意不是国家模型，因为它也使用"去中心化"的思维，在这样的思维下，美国的国家机器就是个巨额成本，且用处不大，尤其是美元在"数证经济"中没有用了，则国家机器也就没什么用了。所以，以城市的边界来封装系统，更轻便、更灵活，甚至更容易全球化。

其实，剥开计算机技术的外衣，我们看到类似亚马逊的系统的资产还是来自"传统的商业和劳动力"，而计算机的用途是创造新的共识系统和需求闭环。我们有理由相信，亚马逊也会使用"'现有业务'+'数证业务'"两套引擎同时运转的模式，形成一种维度的商业纠缠，而不会是有了"数证"，就放弃了原来的系统，原因前边已经分析了，"数证经济"的维度与传统经济不同，二者不会以商业熵增的形式通信。

有了这样的分析，我们就好办了，或者说，我们至少找到了一个可以聚集原始资产的模型，且和"亚马逊区块链"的模型类似，这个模型就是：

- "城市区块化"

先从话术上分析一下，为什么：

"城市区块（链）化"＝"亚马逊""区块链"？

因为，亚马逊用自己的常年部署，基本上涵盖了大量的产业用户，并且聚集了大量的产业劳动力数据。如果从经济的基站定义上看，其非常像一个超级的城市系统，我们可以用城市的 GDP 系统来对标亚马逊的某种统计模型。

而现在，我们的城市却不太像亚马逊，但是说实话，也只有像城市这样的资产结构，才有机会在"数证经济"中获得对峙的资本。

我们的城市目前缺乏的不是类似亚马逊的资产模型，相反城市经济（商业）系统，尤其是我们国家的政治模型指导下的城市商业系统，和亚马逊的结构非常类似。我们缺乏的是城市间的基于"数证经济"的通讯模型。

从某种意义上说，我国现在宏观层面要求：

- 大力发展城市数字经济
- 三年内完成工业互联网的铺设

很大层面上就是要提高城市的经济维度和相互之间的协作效率。

城市要形成堪比亚马逊的"数字经济""数证系统"，就需要率先构建一个合作模型，这个模型非"区块链"莫属。相关的佐证我们在之前的章节中已经给出，在此不做重复。

也就是我们的城市，准确地说是部分城市，需要进行"区块化升级"，形成"'城市传统经济'+'城市数证经济'"的双引擎架构，同时将城市的经济维度升级到三维。

在商科的定义上，我们将区块化的城市称之为"数据资产城市"简称"数资城市"，即一个具备"传统资产（传资）+数据资产（数资）"的城市，将是可以获得极大扩张空间的基础资产容器，其原始资产的效率将会获得维度型增长。

"数资城市"也要和目前的"数字城市"做一个概念上的区分，我们可以说，"数字"这个词汇目前携带的含义没有得到很好的封闭，很难应用到诸如"数证经济"这样的场景规划中。请读者在以后的讨论中也要使用"数资城市"这样的共识性名词，来降低共识性成本。

接下来我们谈一谈"城市区块化"的一个模型，和区块化之后，城市会出现什么样的高维样貌。

城市区块化流程：

第一步，建设城市价值大数据硬件设施和移民生态规划

第二步，安装"物权"服务系统

第三步，发布"城市纳税 ID"

第四步，搭建"物权""数证市场"

第五步，构建标准接口，开启移民通道

第六步，发布独有的"数据资产""数证"，并完成相关的服务系统建设（百城百链模型）

关于"城市区块化"的第一步，是一个简单的硬件铺设和价值大数据库建设的过程，这过程设计了本地（国）化的计算机模型构架。请注意，是"计算机模型构架"，不是计算机技术构架。这个设定，必须严格把守，不能有任何二义性在里边，例如，"城市区块"必须严格区分：区块链数据库和互联网数据库，并且在产业层也要区分什么是互联网数据业务，什么是"数证经济"业务。二者绝不能有任何交集，包括学术层和商业层，二者仅可以在产品层合作。

这种设定是要将区块链与互联网在根服务层分开，同时也将数证经济和互联网经济彻底分开。因为，互联网数据价值属于传统货币业务，即数据结构锚定了货币甚至是加密资产，且其盈利模式并携带资产的连贯性，或者说，没有完整的资产边界，它更像一个第三产业的经济范畴。

而"区块链""数据结构"，不使用互联网的构架模型，首先就是要形成独立的资产定义，其目的是要完成基于计算机（劳动力）的效率算法库建设，而且这种建设模型并不是通用模型，或者说中国的模型与美国的模型不能通用。这很类似货币，大家可以共同创立标准，可以创立流通原则，但是人民币绝对不是美元，二者绝不能混合。你现在对于"为什么区块链数据库必须独立"的设定，暂且先理解到此，更多的原因，在你用到了"数证经济"的其他约束模型的时候，再进行专项的理论补充。

第二步，安装"物权"服务系统，是城市区块化的"一项'数字化'工程"。

根据"数字化"即为资产化的设定，安装"物权"服务系统，即是准备将城市内的传统资产，做"数据资产定向发行"。这个动作，我们甚至可以形象地称之为：

"城市亚马逊化"。

其实就是"结构亚马逊区块链的价值内核"，让一座城市的数字经济系统内出现一个"亚马逊模型"。

这里所说的"亚马逊模型"，不是亚马逊企业模式，也不是亚马逊技术模式，而是亚马逊资产结构模式。

一个城市内的公民和商业节点，与亚马逊现有的资产结构，准确地说，应该是"亚马逊数证资产"结构，是完全一致的，这种一致甚至可以从"共识层"达成。我们有理由认为，亚马逊在区块化的方案中，很大可能地解构了全球的城市经济模型，并进行了重组，其中中国的城市构造模型，很可能在其中扮演了重要的角色。

利用"物权"这种中国链区块形态，将城市现有的资产直接封装为可以搭载系统 DPOI 的数据资产，就可让"城市区块"形成一个"联盟链"的形态。这个"联盟链"本身就可以形成"数证经济"闭环，因为一个城市的传统商业闭环的存在，可以很容易地衍生出基于"数证经济"的行为闭环。不过这种闭环其实在"数证经济"

中，是可有可无的，或者说一个城市是否在"区块化"之后出现了自给自足的"区块链市场"，其实对一个城市能否真正地形成规模化（全球化）的"数证经济"维度，没有什么直接的干扰，这是"区块链数证经济"的一个很值得玩味的特征。城市区块化后的发力点，需要从头来建设。

第三步，发布城市纳税ID。

这是"中国链"独有的区块链拓扑形态，美国链没有，或者说，没有基于政治约束的"国家公链"系统，其实也没什么建设"数资城市"的基础。

所谓"城市纳税ID"，即城市政府将是"数证经济"的投资主体和管理主体。

也就是，由全民所有制城市政府作为城市内的"物权"合伙人（之一），与"数资城市物权"形成一个联合投资合伙。

其实，从"纳税ID"这个词汇上，凡是对税收理解的朋友都能够迅速理解其中的优势所在。

在国家与公民体系中，纳税代表了：

- 你使用了国家的服务
- 你使用了国家的资源进行了有收益的商业行为（合伙）

在"全民所有制"系统中，纳税还多了一项职能：

- 全民合伙

即由政治系统依据全民的需求，来规划的一种社会建设模型。目前这个税收职能，只有我们国家存在。

二、城市纳税ID

城市纳税ID最重要的职能是全民合伙的扩展。这也是"数证经济"最重要的维度特征。

"城市纳税ID"最重要的模型是允许全球所有的合法区块，通过"城市纳税ID"注册成为"数资城市""数资公民"，并可以调用该"数资城市"的区块链接口，形成超大规模的"私有链"和"联盟链"。

由此可见，一个"城市纳税ID"展现了"数证经济"在"去中心化"和计算机劳动力模型的基础上的"维度优势"，传统城市不能突破的商业壁垒，在"数资城市"中是不存在的，"数资城市"可以无限扩容其疆域和人口（数资公民），其上线绝不是世界人口总和，而是无上限。而更加不可思议的事情是，在看似可以无限扩张的"数资城市"内，政治投入却不会有任何增长，现有的模式即可胜任。也就是传统的管理成本模型，在"数资城市"内不是个简单的线性函数，具体会是什么样貌，要看"数资城市"管理团队的智慧。

区块链的"去中心化"，在"数资城市"内的功能即为，去除一切阻碍城市"数证经济"发展的"低效节点"，通过"计算机+区块"构建的区块链，形成"数证经济"维度内的价值流动拓扑。

第四步：搭建"物权""数证经济市场"。

传统经济有三大市场：

- 资本市场
- 产品市场
- 人力资源市场

从之前的"物权数字化"系统的结构分析看，在"区块链"内也存在：

- 资本市场，如"数字物权首次发行"
- 人力资源市场，如"计算机+区块"

但是"数证经济"中是不是存在"产品市场"呢？

这件看似最必然的事情，在"区块链"中其实变得稍有些扑朔迷离。

我们先回到中国区块链模式的定义来看一下：

中国区块链模式：多中心化，自由基加密合伙模式，且可以继承的方式重定义。（公理）

按照这样的设定，所有中国链拓扑的结果均为"合伙"。如果从"合伙结果上分析"，其合伙的结果还是"合伙"。换言之，"区块链"内没有类似"消费"这样的闭环。

估计这是你看到的又一个关于"区块链"不好理解的模式，除非你一直工作在顶层掠食系统中。不然的话，在你的眼中，没有消费，那么世界在干什么？其实也正是这种共识，才构造出了产品市场这样的闭环模型。

消费，其实是一种债务环的拆解方式。如果你认为，现在人们买东西的核心决策是"由自己决定的"，那么你将无法从客观的角度真正读懂社会学和经济学，也就无法正确地设计新经济的构架。

从设计模式上说，"消费"是"资本"的漏洞，更直接的说法是，"消费"是"货币"的漏洞。从资本的世界观来看，它本身并不太看好"消费"这个"经济组件"来充当其"黑洞模型"的一个角色，但是由于历史的原因和生产力低下的客观存在，资本针对消费只能采取"引导控制"和"不断升级"的办法，来寻找更合适的"组件"。例如，现在的手机，总是说"升级换代"，然后还编纂出一套"换机的理论"，搭载着自己的广告传播出去，以维持自己的企业能够存活下去。这个例子并不牵强，也没有对电子设备行业有什么敌意，因为任何消费模型都存在着摩尔定律，只是周期不太一样而已。所以，我们的消费都是"被设计出来的"，既然是被设计出来的，那么它就有设计模式，只要你保留些许的好奇和耐心，就很快会找到分析消费的通路。

之所以说消费是资本的漏洞，是因为，消费让货币流动出现了停滞，也就是出现了某个消费主体，握有货币，然后傻傻地站在那里，不知所措。这种现象的始作俑者是生产力低下和算法效率低造成的，客观地说，这不是资本的错，朴素的资本其实效率值很高，因为朴素的资本也不想让傻傻说不清楚的货币基站来拖慢整体的分配效率。这也是为什么全民所有制经济体（纯经济体），也大量地使用资本模型的道理，很多人分不清所有制和经济模型的区别，以至于不知道为什么我们国家也搞西方的股市、金融房地产。其实从所有制的宏观视野出发，守住初心，万法皆我法，只要能让百姓的生态能够不断提升的模型和引擎都可以在全民所有制的系统内实施。

也正是因为大量的货币停滞（银行的 M2 指数，可以做一个参照）存在，造成了资本经济系统的熵增很高，所以资本不断地使用各类模型来"刺激消费"，如创业投资（天使投资）、技术研发、金融债务游戏、战争、政治流氓等推动货币流动的规则被不断地设计出来，并花样翻新或"老瓶装新酒"地倒腾出来，目的都是让熵值过高的经济系统获得休养生息，并能够维持运转效率。

我们把消费的模型结构分析之后，就先给出一个结论：

"中国链""数资城市"的经济系统做了两个模式上的更改：

- 去货币化
- 去消费化

中国链之所以敢这样做，主要是因为当下的生产力和算法库（生产资料）已经足够先进，尤其是在本来就先进的政治基础上，完全有能力尝试效率值更高的经济引擎的设计与测试。

请不要用任何已经完善的理论，包括《资本论》这样的经典，试图先去解释"去货币化""去消费化"有什么样的理论基础。现在最应该做的，是在我们最先进的优势组件上，与美国诸如亚马逊这样的"数证经济"萌芽，形成实质性对垒。

所以，在我们的全民所有制基础上，我们重构了"中国链数证经济"的"市场模型"：

- 资本市场
- 人力资源市场
- 区块链市场

目前这是我们的城市可以对垒亚马逊的一个"模型"，即构造一个携带全新市场模型的商业业态。

这里的"区块链市场"，是一个去货币化和去消费化的市场构造理念。这个设计给出了一个很明确的商业矢量：

现有的消费模型，在"数证经济"内被"封装"了（不是消失了，切记）。即传统经济的闭环组件（之一）：产品市场也被封装了，并且其概念被弃用了（产品还在，用途被抹去了），取而代之的是：

- "区块链"市场

一个粗浅的理解是：

- 传统经济是企业生产产品，通过货币以商品的形式进入消费组件，完成经济闭环
- 数字经济是"区块"生产"区块链"，通过"数证"以"合伙"的形式进入到"生产（共产）"组件，完成经济闭环

我们一再强调"全民所有制"比"全民参与制"的优势不是"比较型优势",而是不在一个维度上,说实话没什么可比性,但是在二者共存的当下,还必须要拿出来简单地比一比。

当"数证经济"带来了一个不需要停止下来等消费自由基决策的"DPOI",作为价值流通载体之后,我们突然感觉到了"资本顶层掠食者的黯然神伤",我们甚至开始感到了这个圈层的某种"释怀",其实他们也挺累的,区块链来了之后,他们也可以歇歇了,享受一下回归田园的人生本源。

说一下资本的设计师们为什么累吧。

全民参与制的一个死结就是,什么都必须要有人参与,也就是它是以"人的约束性行为为核心"。这里的约束性行为是指规划师们规划的行为结构,如朝九晚五、要上大学、靠创业出人头地、靠耍基金股票去投机等。一旦离开了人的行为,或者说人的行为与其分配脱钩的话,资本整体会崩塌。这也是我们为什么迟迟看不到AI这类的"强行为新生体"进入主流商业系统的原因。也正是这个劣根性,导致了技术越发达,顶层越忧虑的现象。因为如果没有人干活儿了,资本就成了"金银岛上的富豪了",也就是所有岛上的人没有了财富差值。

而全民所有制,其实是与人的行为无关的一种政治模型,即它是以"生产力的行为为核心",在必须需要人作为生产力主体的时代,其可以捆绑人,但是在不需要人作为主要劳动力的时代,它就可以不需要捆绑人,因为所有人都是分配主体,与是否参与经济运转没有直接的联系。简单地说,全民所有制是可以没有任何障碍地替换劳动力主体的,它只要去规划分配原则就好。所以,我们要扶贫,要乡村振兴,主要是为了提升低消费能力的人群的消费能力,或者说,消费能力不太行,但当生产力上去了,分配的"权"多了,而"授享者"没有消费的能力,也会造成系统熵增。这是共产系统的矛盾,也需要政治去设计模型来解决。

"数资城市""数证经济"市场建设,是一座城市是否具备"传统经济+数字经济"双引擎(维度)的标志,一个有"区块链市场"的城市,才具备了与亚马逊对峙的资本,但是仅仅对峙没有意义,城市还需要一套战略来形成有效的对抗。

第十六章

一城百链

第五步：构建标准接口，开起移民通道。

这件事对于现在全球的所有城市来讲，都应该是具有跨时代意义的一小步。

咱们先暂且放下国外的城市如何构建本地经济系统，我们主要来看一下国内的城市。

在传统经济形态下，一般的城市都靠"引进来"的策略，来完成自身的"经济场景建设"，我们在此处并不分析现状的特性和分布特点，我们只是来做一个界限的划分：

不论现在的城市样貌如何，"数资城市"都不使用现有的"引进来"模式完成商业（纳税）系统构建，同时也不是采用"走出去"的策略。在此处提一句"走出去"，是因为人类的惯性思维：

（1）认为如果一个方法不行，那么这个方法的反向模型一定行；

（2）认为"走出去"是"引进来"的反向模型。

这两个思维都是错误的，关于商业模式，根本不存在什么反向模型，这是语言学范畴的事情，那些投机取巧发明反义词等表意构造词法的大师们，为商科带来了很多不必要的二义性。所以，我们只能在必要的时候加以澄清和矢量重定义。同时，"走出去"和"引进来"是一个模型的两种描述方法，本质是一样的，都是扩大自身税收系统的方法。

"数资城市"采用的是"互联网注册制"模型，来作为自己的"基础纳税基站构建模型"。

这种模型造就了中国的互联网经济，以及亚马逊这样的对手。

"互联网注册制"，一个似乎谁都懂的事情，但其实真正懂的并不多，认真地说，真正了解这种模式的圈层，才可以看见高维经济的存在。

在我们的互联网企业从多样化的百花齐放，发展到今天，只剩下了电子柜台和点击率游戏厅，这基本上预示了当下我们的互联网企业绝对够聒噪，但是却难当大任了。

在需要更大胸怀的"数证经济"面前，互联网并没有贡献什么有用的算法库，除了继续"舔钩子，追虚拟币"，什么正经的业务都没学会。这也证明现在的互联网因为"肥了"，还失去了"Copy to China（复制中国）"的能力，早先那些"草根"留下的光荣传统，现在就剩下了一批就会烧钱的没脑子的掮客思路。

也正是因为此，导致"数证经济"在实现高维模型的接口建设时期出现了"无兵可用"现象，这有些类似于当下的"芯慌现象"。但是好在"数证经济"的基础是政治而不是纯技术，我们还有机会和能力重新打造"禁卫军"。

在"数资城市"的建设上，我们可以回到20世纪90年代，回到互联网的萌芽时期，重新寻找纯洁的脸庞和奋进的思想。

"互联网"，纯洁的"互联网"最大的价值，在于"其可以构造基于某种封闭协议下的生态和生态共识载体"，如使用支付宝的阿里巴巴淘宝空间、使用微信做导入接口却胖到走不动的腾讯产品集合、一直挂羊头卖狗肉的百度、不知道怎么死的P2P、最具技术含量的网络游戏、什么收费的视频网站、什么都不收费但其实更贵的羊毛党，等等。

除了以上的模型，其实互联网还可以造就当下的亚马逊、苹果、谷歌和"数资城市"。尤其是"数资城市"，互联网将会给出一个很惊艳的模型，不夸张地讲，那是一个从未有过的让人欣喜的模型，也正是这个模型的诞生，让很多有识之士看到了"真正的互联网"。

我们先来建构一下"数资城市""数证经济""互联网"的构架模型：

- "城市纳税ID""经商牌照"
- "数资货仓"&"数资摊位"
- "区块链""专属价值数据服务中心"，即"一城百链"接口

以上的组件排序，是按照研发顺序来列举的，如果要解释其功能，需要采用"倒叙"的方式。

一、一城百链

"中国链""公链"系统，用了一种"彰显计算机效率"的模型来规划"数资城市"

的商业系统：

- 每一座城市负责一种"区块链""数据资产"的全部业务和全部市场建设及管理
- 城市内其他的传统资产发行的"数据资产"，将以"合伙"的模式投放至其他城市，并依照"百城百链""智能合约"来分取投资收益

例如，当下我们将江西省抚州市设定为"文化""区块链""数据资产"运营中心（中国链：多中心化），则全球其他"数资城市"内和"文化""数证经济"相关的资产发行、投资、运营、结算等业务，均由"抚州"来完成，即形成了"抚州""数证经济""一城百链"。

"一城百链"只是个形象化的组件名称，"抚州文化区块链"能够链接的"数资城市"远不止一百座。从这个朴素的互联网技术的实施可以看到，当一座城市建设了一个可以使用现在的数据库技术和互联网技术的"数资城市""数据中心"之后，其就可以宣布"对某个专属数据资产的数证共识服务权"，在全民所有制系统内，所有城市在政治层面是相等的。因此，我们的城市不会因为"专属数据资产"产生竞争，而是会依照宏观计划来实施，且从"数证经济"的维度来观察：

- 任何一个独立的数据资产空间，在当下的价值当量均可以至少匹敌一个亚马逊。
- 不论现在的城市规模如何，也不论其将会负责哪个"专属领域的数据资产运营"，其在"数证经济"（量子商业模型）内的经济统计值，几乎是相等的，这也是为什么使用"互联网＋大数据"来构建"数证经济"，而不是为每座城市培养一个"马云＋马化腾"的原因。

"数证经济"的维度阈值更多的是围绕计算机（网络）的工作能力来做"数资城市"的输出，因此，每一座城市获得的输出能量值在国家层面看是一样的。这就和不管地级市的面积有多大，经济有多大差别，它们的主官都是厅级一样，在政治层面，只有分工不同，没有什么大小、发达与否、收入高低与否等差异，所有的城市成果都要从宏观角度去考虑分配。

所以，"一城百链"的职能，是让我们的城市在以政治为基础的前提下，迅

速占领全球的"数字经济"空白领域。举例而言,"抚州文化区块链"最大的任务,不是在国内完成"一城百链",而是要在国际上迅速完成"一城百链",最好是还能把美国的城市也链进来。这是政治维度层面我们能做到的事情,也是为什么"物权数字化"以"中国链"为模式的"立场来源","物权数字化"在某种程度上其实是在解读国家战略,并依据国家战略设计战术而不是拆解国家政策,做个"四不像"的企业,还时不时地从政府那里要奶喝,但是等长得壮实了,还开始和政府耍些小聪明,一门心思冲击首富。这样带有时代特点的发展模式,会随着政治的进步得到大规模的优化,也就是在"数证经济"中,大家都要围绕中国共产党的战略,以共产合伙的方式来构建国家优势,而不是一直盯着自己的"钱袋子"。这并不是说自己的"钱袋子"不重要了,而是在"一城百链"之后,你的"钱袋子"("物权")会因为国家战略变得更鼓,这是国家目标和个人目标相一致的宏观商业构架所形成的必然结果,而如果你非要我行我素地把自己孤立在国家大形势之外,国家也不会无缘无故地给一个不参与国家建设的人分配全民共建所产生的收益。

二、"数资货仓"&"数资摊位"

在数资城市建设了一个"一城百链"的"互联网模型"之后,便具备了通过"一个专属的数据资产领域"接入全球商业基站的能力。请注意以上这段描述,这是"纯计算机话术"。

再仔细看一下:通过"一个专属的数据资产领域",接入全球商业基站的能力。

其通俗解释是,"一城百链"网络,可以接入任何一个公民的私有网络系统,也就是一个"大网络"去接入"一个微小网络"。

这是人类环境几乎不可能出现的事情,人类基本上是小的接大的,大的说了算,例如,我们常说店大欺客,客大欺店,反正是谁大谁有"权"。这种模式,在现在的互联网中也是一样,读者可自行比对。

而在人类眼里看上去十分正常的事情,计算机这"傻子"却"浑然不觉",

大城市却要去接入一个小市民的网络，而且还要接得恭恭敬敬。为什么？因为计算机是以算法的复杂度来判定接入的"主动与被动"的。同时，计算机的主动和被动都是相对的，或者说，只是为了帮助人类去理解计算机的行为，才费了如此多的口舌。

从"一城百链"的视角看，全球任何一个个体，在没有接入自己之前，都有自己没有的算法库，而"一城百链"的工作，就是"向自己没有的算法库学习，不断地让自己变得更高效"。你看看，人家计算机学习的目的是让自己干活儿更麻利，难得啊。

而从独立的商业基站，如一个个体、一个企业，在其没有接入"一城百链"网络之前，都至少存在一个"一城百链"不知道的"算子"，就是该基站的"ID"，为了学习他的 ID，"一城百链"就会主动去接入全球的节点，以区块链的形式与其合伙，形成一个商业共建的模型。

这种"把他人 ID 看作学习对象"的事，是 AI 的一个分水岭，或者说有这个模块设计的是 AI，没这个的，是不知道。

这其实和我们朴素的人差不多，我们想认识一个人，也是去主动接触他，并且去记住对方的名字，而不是直接告诉对方你叫"王小二，我是你爹"，并强制制定所谓的共识，这种强制给对方一个 ID 来识别对方的事情，甚至告诉对方"我是你爹"的事情，是当下互联网的人为干预造成的。在区块链中，被去"中心化"了。

以上这个"计算机思维模型"是希望掌握"数证经济"的朋友必须学习和掌握的一种模式，它将直接影响你的"物权"投资设计和"合伙开发"模型设计。学不会计算机思维，你的竞争对手就是阿里巴巴；学会了，仁者无敌。

在"一城百链"与私有商业网络（基站）完成接入后，它会在接口处建设一个"数资货仓"，用于与对方形成合伙（区块链）。

请注意，"数资货仓"有非常复杂的算法库和数据模型，由于细节技术不是本书的范畴，不在此处做专项讨论，但是你现在要知道其基本的架构形态。

"数资货仓"首先是实体建筑和数据库的合体，它可以没有实体建筑，但是必须具备一个"区块链""数据库"。从商业形态上看"物权""数资货仓",大部分均具备实体建筑,因为实体建筑也是"物权"的一种原始资产。而且从其他的区块链系统分析,多数拓扑比较大的"区块链""数资货仓"均有大规模实体建筑存在。这种特征其实是数字经济和互联网经济的一个重要区别,纯数据对于数字经济来讲,并不能形成资产运转的高效,或者说纯网络算法很难形成健壮的区块链,也就很难形成"数证经济"。反过来说,"数证经济"在很大程度上是"价值通过计算机编程后的一种输出,我们可以称之为'计算机输出'"。它依托的是人类的价值观,而不是数据本身。从这个意义上说,现在的大数据明显喧宾夺主了,不过现在的状态也很可观,也符合新生事物的"混沌结构"。

"数资货仓"的基础样貌(服务组件)包括:

- 数资港口
- 仓位
- "数字物权首次发行"接口(DPOI发行服务)
- 区块链摊位

"数资港口"是:

- 链接其他"数资城市"接口
- 管理自身的"域外价值"的组件

"数资港口"的职能是全球的数据资产吞吐,包括"数据吞吐"和"物理吞吐","数资港口"的拓扑形态是"互联网 + 物联网",其中物联网的场景为"区块链""物联网",即物联网的链接节点均为"区块","物权数字化"使用的区块链物联网模型为"中国链""物联网"。(希望了解"区块链""物联网"的详细结构分析,可阅读相关书籍。)

"数资港口"的域外业务管理,其实是一个场景状态的描述。从人类的视角看,城市是有边界的。在目前的经济系统内,城市边界之外很难形成规模化的城市税收系统,但是在"数证经济"内,城市是无物理边界的,只有市场约束,因此大量的"物理疆域外"发生的"数资城市"业务,都需要向城市管理系统分润

（数证税收），这部分分润的工作或者称之为合伙，均通过"数资港口"区块链进行铺设。

从"数资港口"的职能可以看到，其本身也是一个"区块链"，且独立支撑一个"区块链""市场"。我们甚至可以将其对标一下现有的"城市金融产业（市场）"，虽然在构造上没什么类似之处，但是"数资港口"之于"城市""数证经济"而言，非常像"金融产业"之于"城市""传统经济"。

在"数资港口""区块链"上，链接着一个"仓位""区块链"，每个"仓位"归属于一个"城市纳税ID"。即全球的区块，如果希望在该"数资城市"进入到"数证经济"内部，并发行"物权"资产，其首先需要获取一个"数资货仓""仓位"形成一个：

"城市""私有｜仓位"＝"物权"＋"城市纳税ID"

这是一个"物权"与"数资城市"合伙的"链"模型。全球的"区块""物权"通过在"数资城市"建仓，完成在该城市的"数证业务部署"。

该"仓位"的数量，没有上限。

"数资货仓""仓位"将链接"物权数字化""数字物权首次发行"，即允许：

"城市纳税ID""物权""DPOI"发行。

在此处，有一个必要的"区块链"知识，我们需要"点拨"一下，即：

"城市纳税ID""物权"是一个区块链，它已经不是"物权"区块了。这是"计算机的共识系统"，而不是人类的共识系统。在此处，我们会郑重地告知你，千万别指望在"数证经济"内，实现学会了掌握了再去干的想法，从阿尔法狗（AlphaGo）的小行为你就应该知道，计算机存在着你不了解的思想共识模型。这种不了解是维度差异，可以用"量子类的通信模型达成共识"，而不能再使用钢体协议进行"高熵值通信模型约束"。

"物权"区块本身是"计算机可识别"的一种原始资产形态，计算机的"识别行为"和人的识别行为，在结构上完全不是一回事。

人类识别行为属于模糊识别，即得到一个定义，然后根据自己的意愿形成一个相对固定的结果，例如"经济学"，有的人要识别几十年，而有的人仅识别一秒钟，识别几十年的可能是经济学家，而识别一秒钟的是绝大多数公民。在绝大多数公民的大脑数据库中，"经济学就是讲经济的学问，是个大学专业"。

而计算机（网络）对一个定义的识别是"弦（理论）"识别，即可以将一个定义不断和其他定义进行通信，而形成带有稳定基因的"识别结果"。例如，计算机识别"你的物权"，可以形成一个基于你的物权的网络（互联网＋物联网），并按照你的约束（多中心化），例如你想用物权挣到更多的人民币，形成定向的结果（自由基加密），并与其他计算机的算法库进行通信，形成区块链（合伙），最终返回结果。在整个计算机识别过程中，它不会因为你的渺小和简单而把你"模糊处理掉"。因为它也看不出来"你"和"贝佐斯"到底谁大谁小，或者说计算机空间里没有大小之分，只有算法效率。

从计算机的眼里看你，你更像是计算机的一个细胞，或者把你夸大一点，你更像是计算机的一个"神经元细胞"，你向计算机发出了一个你的需求：你想用物权换钱，计算机从中发现了"食物（数据）"，然后计算机开始贪婪地进食，并把能量传递给一个分配机制公链，公链将能量转化为每个细胞所需要的食物，并分配给他们。

以上是一个"人＋计算机"形成的"物权"区块，在计算机系统里的一个极为粗糙的生态描述，你大可以用初中生物课程的内容再理解一下。

当你的"物权"，通过计算机的识别，与一个"数资城市"达成合伙，而形成的"城市纳税 ID""物权"，应该是你在本系统内获得的第一个区块链，也是你第一次被计算机关注到，也只有被计算机关注到之后，才能验证你的"物权"是不是一个可以进入"共产系统"的"物权"，如果有效，你便可以获得一个"数字物权首次发行"的区块链，即你的区块链又"长了一节"，从

"城市纳税 ID""物权"

成长为：

"城市纳税 ID""物权""DPOI"

这个过程，类似"一个（男）孩子，出生就有一丁地"的设定。

关于"区块链摊位"的事，此时应该是顺理成章的事情了，即"城市纳税ID""物权""DPOI"可以在公链里做生意了。不过有一个不正确的思想你要剔除，就是"区块链摊位"不是营业执照，而是一个"数证经济资产"。你要清楚地认知到，"物权"以及此后产生的区块链，是一个合伙链，每一次合伙发行的均是一种资产形态，这是数证经济维度属性，切记不要以自己的认知作为判断区块链的标尺，不然，就很容易造成区块链解裂，甚至你会被计算机排除在系统之外，区块链使用的是"计算机信用"，而不是"人的信用"。

三、"城市纳税 ID""经商牌照"

最后说一下"城市纳税 ID""经商牌照"组件。刚才说过"区块链摊位"不是一张营业执照，而"城市纳税 ID""经商牌照"也不会是一张营业执照，或者说"数资城市"作为区块，它的职责是"向你的区块发出链接申请"，即"城市纳税ID""经商牌照"，其中携带了"数资城市物权"的业务系统、智能合约、"一城百链"规模、算法效率等参数。

如果你的"物权"解读了该"城市纳税ID""经商牌照"，发现其可以成为你的区块链拓扑的一个方向，则你将在你的区块内生成一个"私有物权""城市纳税ID""经商牌照"，也就是你允许该"数资城市"接入你的区块链系统。

至此，"私有物权"和"数资城市"达成一个稳定的链接（合伙）。同时也代表着"一城百链"的"数资城市移民"工作正式开启了。

"一城百链"是"数资城市"拓展区块链链接的一个成型的模型，该模型和美国链没有任何交集，完全是基于全民所有制建设的一种"数证经济城市模型"。

"物权"通过接收"数资城市一城百链"的链接申请后，"物权"内的计算机算法库，或者说根服务算法库将会判断两个区块的效率值，并依据效率值进行拓扑算法的生成。

四、总结

至此,"物权数字化""数证经济"的内核与拓扑部署已经完成,其公链基站的一个有效形态"数资城市"也具备了规模化的阈值,那么在接下来的规划中,我们要重点探讨"区块共识流动"也就是价值流动的模型,进而形成完整的区块链数证价值维度。

CHAPTER SEVENTEEN

第十七章

城市数证设计

城市区块化流程：

第一步，建设城市价值大数据硬件设施和移民生态规划

第二步，安装"物权"服务系统

第三步，发布"城市纳税 ID"

第四步，搭建"物权""数证市场"

第五步，构建标准接口，开启移民通道

第六步，发布独有的"数据资产""数证"并完成相关的服务系统建设（百城百链模型）

第七步，发布独有的"数据资产""数证"并完成相关的服务系统建设（"百城百链"模型）

这一步的实施，从"传统经济学 + 量子经济学（数证经济）"观察窗可以得出一个结论：中国具备了和亚马逊等美国数证经济系统对抗的实力。

"百城百链"形成的区块链拓扑，基本上是属于（商业）量子级的一个规模了。

量子商业系统最大的特点是：没有静态值，一旦一个量子商业态有"静止"的诉求，则这个"合伙"就会解裂，并降维成传统态（货币形态）。所以，达到百城百链的规模，即一百座"数资城市"基站的场景样貌，其流通能力至少要在一百个阿里巴巴的当量值以上。这虽然是一个理论值，但是，也可以看作一个"全民所有制 AI 经济"的宏观规划当量。

此时的 AI 可以看作一个"计算机 + 人"的区块态。

现在，是时候探讨一个更"直接"的话题了，这个话题的约束，代表了我们现在谈的物权、"物权"、"物权 DPOI"到底是理论思维还是商业计划。这个必须给出清晰构架的话题就是：

・数证｜DPOI

"物权数字化"系统，从建设伊始，就是要实现：

・物权化

・物权资产化

- 物权数字化
- "物权"
- "物权""数证"

这样的一种"高维经济样貌",原因在之前已经探讨过多次了,现在总结成两个框架。

(1)世界经济都在构架数字经济,截止到目前只有中国模式和美国模式达到了阈值,也就是数字经济的标准、市场、资源,会由这两个国家来规划和导引。由于两个国家使用了完全不同的阈值,因此在任何一个关键环节上,均会是两套模版。

(2)政治为基础,经济是上层建筑的高维经济形态出现了,"数证经济"是该形态的一个场景。

经过本书以上的文字描述,表明了"物权数字化""数证经济"的立场和模型建设的基础。

接下来我们就以上的基础,开始进行上层建筑的设计。

现在试问一下,如果现在让你设计"物权""数证|DPOI",你会从何下手呢?

这个问题是一个非常严肃的问题,但是你不需要急于回答,而是应该循序渐进地听取正确的建议,寻找正确的组件,然后在心态平和的情况下仔细斟酌。我们这样说,是因为在"数证经济"内,"私有数证"也是非常大的一个量子经济空间。(我们也有相应的教材和资料,感兴趣的朋友,可以阅读相关内容。)

在解构我们设计的"城市数证"模型之前,先旗帜鲜明地批判一下现在的一些所谓"数证概念和行为"。

第一个,DPOI是分布式加密技术。

作为"商业计划",有取舍,也有褒贬。DPOI是分布式加密技术,不是商业定义,而是一个技术话术,包括什么不可篡改等,全部是因为不知道"如果区块链不发币,还能干啥?"整出来的牵强附会的定义。这种思想的产生就诸如现在的BaaS服务和"链圈"的一些中间件行的商业计划。如此一来,区块链和DPOI就成为一个"鸡肋",其甚至还不如当年的"加密狗"来得实惠,至少当年的"加密狗"还"红极一时",还产生了几个拿得出手的企业,更不要说相比于当年的杀毒软件产业了。

如果说 DPOI 是个如此先进的技术，为什么连个独立的"当红产业"都整不出来呢？从商业规划层分析，其实没什么，就是定位错了，把区块链和 DPOI 定成技术：

（1）产生不了什么跨时代的产业和产业效应及延续性效应；

（2）失去了全球经济重塑中一个最好的时机和时局，严重地说，甚至有可能拖慢中国的数字经济模式在世界范围内占领市场的脚步。

在第二点上我们有非常惨痛的教训，现在应该痛定思痛，别闹着玩儿，如果不能帮忙，也别帮倒忙。

第二个：DPOI 是虚拟币。

这个要命了，这基本上把 DPOI 在中国就判死刑了。如果按照这个说法，中国不可能有"数证经济"和"区块链经济"。再引申一下，中国的商业系统出现不了区块链结构，那么假以时日，等我们的优质资源全部成为亚马逊的"注册用户"，你怎么办？

解决这个事情的方式有两个。

（1）直接划清 DPOI 和虚拟币的关系。DPOI 不是虚拟币，数证经济没有虚拟币模式，声明中国的数证经济是纯价值算法库。这只是个阈值设计，很简单，就像设计菜刀，如果切菜很好，切得越花哨，越彰显使用菜刀的人是个高手，而且还能依靠菜刀丰衣足食；但是拿菜刀砍人就不行，必须毙了。但是你说能把生产菜刀的厂家和炼钢厂家的工人们也都毙了吗？DPOI 和虚拟币也是一个道理，只是现在有些投机者别有用心罢了。

（2）直接说中国不搞 DPOI 了，让美国人自己嗨去吧。

至少到现在，我们还没有听到宏观层面直接出台禁止任何和 DPOI 相关的模式开发与技术开发的法规出台，我们仅仅听到了"禁止和虚拟币相关的行为"的相关法规。我们认为，国家层面是非常清晰且明智的。

其实我们是被一批"活跃在灰色地带的贪婪之徒"把 DPOI 的实际意义给埋没了。这批"东西"数量极少，破坏力极大，之所以说他们活跃在灰色地带，是因为他们会研究法律的漏洞。如果不是我们的政治层面效率很高，中国经济都会让这些人整出大漏洞，届时受损的一定是大批的民众。

当下，国家重拳出击：以数据中心做幌子的挖矿服务器组及衍生产业，就是要打掉这批蛀虫。在此也奉劝大家，国家明令不许炒币，咱就别闹了，作为中国的公民，多想想如何跟着国家一同致富，跟着国家一同抵抗美国的蛮横，别拿着国家的福利，帮着美国人挖咱自己家的墙脚。

在排除了以上两个关于 DPOI 的错误认知，我们就可以静下心来研究一下这东西到底有什么用了。请注意，是研究它有什么用，不是研究它是什么。这是商科的思维过程，尤其是从无到有的过程，要先把闭环的组件做出来，然后再去给它一个所谓的名字。

让我们再来仔细地拆解一下"区块链"，其实可以明显地看到其具备两个相同结构但是功能不同的"数据模型"：

- "区块"
- "链"

我们在之前的分析中总是提"区块"和"区块化"，而仅在"一城百链"的章节中稍稍地提及了"链"，是因为在"区块"与"区块"之间，不只存在一种关系模型，如区块网、区块群、区块团等，但是除了"链"之外的任何关系词，均和"区块"不是来自同一个"数据结构"。

自从中本聪的定义出现之后，很多机构都在试图定义更多的区块阈值和链阈值，这也是区块链在概念上泛滥的一个原因。此处，我们引入一个区块链本身的设定(公理)：

区块和链必须使用相同的阈值设计，同时只有使用相同阈值约束的区块和链才能产生数证。

根据以上设定，我们可以得出整个区块链在设定上的连贯性，即："链"是一个"区块"，且其携带了"DPOI"。也就是说，普通的区块本身是不携带 DPOI 属性的，也就是其没有类似货币那样的静态账户，在"区块"内，仅存在资产态或价值态。而在"链"内，存在了资产的流动态——"DPOI"。

由此即可看出，"DPOI"比货币的纯洁度要高，同时也解释了关于"数字物权首次发行"这样的"DPOI"行系统为什么和 IPO 没有交集的原因。"数字物权首次发行"的计算机职能是把区块的价值态转化为"DPOI"。

就系统而言,"链"中的"DPOI"承载了价值与价值、资产与资产的行为关系约定。同时也可以看出,"DPOI"必须存在归属性,没有归属性的"DPOI"是不能存在的,这和货币截然不同,货币存在着:

- 无归属性
- 无流动性

两个特殊状态,导致了货币在整个经济系统中存在了更多的"权"。

现在可以回归我们的"物权数证"系统,来看一看在"数资城市"场景内,"DPOI"是如何形成和流动的。

首先我们再次聚焦"DPOI 发生器的'物权数字化'实例:'数字物权首次发行'"以及结合之前章节对系统的分析,我们得到一个约束:

"DPOI"是发行出来的,其本身携带了资产属性,即"DPOI"是一种资产"权"(物权数字化)。它和股权、流动型货币均类似。也就是,其可以在可识别该"DPOI"的区块链内,行使资产权的职能,即发起生产合伙。

有了这样的设定,基于"数证经济"的"数资城市"才能够真正形成独立的经济闭环。而这个闭环的载体,即为"城市数证（City DPOI）"。

"城市数证"是城市的一个存在"数证经济"的标志,而"数资城市"并不能代表该城市已经存在新资产闭环空间了,"数资城市"仅代表了城市进行了区块化,但是并没有完成"区块链"。没有"链","DPOI"一切都是静止的,即便它可以覆盖全球的区块节点,但是依然没有产生收益。

在"中国链"的"国家公链"模型中,"数资城市"的样貌被称为"一城百链",即一座"数资城市"负责一个专属数据资产的发行和运维,如之前提到的江西抚州,是"中国链文化区块链数资城市"。这种设计模式,其实就是为了构造"中国链 DPOI"而设计的。

"中国链 DPOI"是一个可以继承的模型,任何一个选择中国链拓扑模式作为资产发行模式的系统，均可以生成一个"系统DPOI"（"中国链DPOI"仅仅是模式，其本身不存在实例）。

本书讨论的：

- "系统DPOI"为"物权数字化DPOI"
- 运营平台为"物权数字化（RDTP）"
- 发行模块为"数字物权首次发行"

根据以上的连续性设定，"数资城市"的"一城百链"的最后一步，也就是"数资城市"真正的形成封闭的全民所有制共产经济的标志是：

"数资城市""DPOI"＝"物权""数字化""DPOI".createNewDPOI（"城市ID"，"数据库ID"）；

即由"物权数字化""系统"生成一个"DPOI"。

例如：

"抚州""DPOI"＝"物权""数字化""DPOI".createNewDPOI（"抚州"，"文化"）。

这是一种"计算机脚本"的描述，也就是把计算机是怎么想的，用双方都可接受的符号描述出来。从人类的角度看，我们知道了：

"城市""DPOI"是每个"数资城市"都有一个，用于约束其"一城百链"模型的"物权""数据资产"的发行和流通。

从计算机的角度看，"城市""DPOI"是一个算法库，用于形成该类算法的容器和迭代接口。

两种认知表现出了两种不同的理想：人类拓展认知的理想是自我实现，如通过高速地获取货币、计算机拓展认知的理想是算法精进、通过高速地获取数据。[1]

现在，我们给出一个假说，请大家来一同分析一下：如果让计算机独立设计"DPOI"，或者给它"数资城市"模型，让它设计"数资城市""DPOI"，我们会得到一个什么样的结果呢？

---

[1] 引用自《中国区块链模式系列丛书——中国链AI》。

我们不知道你的实验室模型是什么，也就不猜测了，我们仅把自己的一些实验性的结果公布一下。

首先我们要告诉大家，结果是很令人崩溃的：

（1）计算机可以允许任何节点生成"数资城市""DPOI"，并写入发行规则；

（2）计算机可以形成非常复杂的合伙，并产生大量的"基于私有DPOI模型"的分配方案，分配结果对区块链节点均有益，但是我们发现，由于大量的自由基产生的矢量成本，导致在收益向货币、物权层面结算的时候，几乎没有人愿意接受"私有DPOI"，并且当私有链消失之后，无法结算的"DPOI"出现了巨大的资产不确定性。

还有一些方向性测试，在此不做赘述，这个测试结论就是：必须对"DPOI"自由基进行加密，也就是必须有一个根服务机构来完成"DPOI"的约束，从现在的能力上看，这个根服务机构必须是政府。因此，不管你想怎样来设计自己的私有"DPOI"模型，只要是中国链模式，你都会受到两个不可更改的约束。

（1）发币锚定。即不允许私有链重定义价值，价值被封装在了发币之中，无法在"DPOI"中更改。

（2）公链约束。即所有的"DPOI"流动，均会与公链形成合伙，如果公链合伙不存在，则"DPOI"流动即不能发生。

CHAPTER EIGHTEEN

第十八章

数证估值设计

"DPOI"的估值系统是"数资城市数证"的"晴雨表",即"数资城市数证"代表了一座城市在"数证经济"领域内的发达程度、覆盖率、算法库效率等核心引擎组件的综合能力,最终还会反映到这座城市的GDP统计上。

在讨论"数资城市数证估值系统"构造之前,我们先简单地甚至是粗糙地分析一下传统经济的一个估值系统,即"企业估值"。

计算机软件和互联网在我国进入高速成长期的时候,本土资本(市场)企业也开始生根发芽。在互联网产业"大鳄"被人们耳熟能详的时候,很多中国的创业者也开始懂得了种子、天使、VC、ABCDEF轮、PE等花哨的资本代词,甚至很多创业者在创业伊始,就埋下了略带邪恶的种子:要把公司的估值做大,而不是把公司的业务做大。

从商业模式上看,将公司的估值做大和将公司的业务做大确实不是一个范畴的事情,一个属于资本市场范畴,一个属于产品市场范畴。在此我们甚至可以多说一句,那些把产品业务与公司估值直接挂钩的理论、PPT、论坛讲演、年报等大多是剧本,或者说是为了创造估值广告,并形成估值共识。

企业估值的商业目标,是形成"产业领军集团",用最快的速度和最低的成本获得一个"山头儿"的话语权,包括:

· 资本规则,此时的领军企业集团,基本上已经是资本的合伙人了
· 产品规则,如产品迭代的周期(摩尔定律)
· 市场规则,如定价权
· 股权规则,二级资本市场对接,投资人退出
· 货币流动模型,即与金融的关系
· 用户共识模型设定规则。如用户为什么认为这个产品值这么多钱

首先,你必须带着极为尊敬的态度,去窥伺以上的"企业估值"所形成的经济构架,因为你现在的幸福生活,有一半是这个系统直接或间接给你的,另一半是政治的福利和服务。

这种企业估值模型所形成的经济样貌是:能者为之,能者多劳的策略。而且其

效率值要远高于平均策略。

从我们国家的二级资本市场和企业的标杆——央国企系统，即可得出一个很明显的估值效率图谱，且如果你将一些必要的生活参数、生产参数，带入到该效率图谱中，你就会得到我们所说的结论。

此处，我们再给出一个针对企业估值的边界定义：

企业估值系统，是一个朴素的（宏观）经济模型，其与政治无关，与所有制形式无关。

此边界设定，在我国改革开放的第一个四十年中，得到了充分的验证。在改革开放的第二个阶段，将会有很多更加先进和有效的模型以企业估值系统为蓝本被创造出来。同时，政治为基础的多维经济，会彰显算法上的优势。

当下，你对"估值"这个词，应该有两层认知：

· 资产层认知

· 商业计划层认知

虽然我们认为本书的读者在知识结构上是足够的，但是我们还是多提醒一下，避免一些不必要的扰波。

一个简单的提醒就是：千万不要把"估值"和"炒股"以及和炒股相关的投资场景相提并论。

针对二级资本市场和一级资本市场估值（股权）资产的任何炒作行为，主要是指合法行为，均和"估值系统"无关，包括炒股、某些基金、保险、金融等与股权直接交易的行为，都属于"基于股权估值衍生的次级市场"，其商业模式中均略带"赌性"，这是个中性的评价，温和的赌性模型是可以促进经济流速的。我们甚至会明确地说："数证经济""估值"系统也会产生"温和的带有赌性的次级市场，只是市场模型不同"。

但是在本书，乃至本套丛书中讨论的"数证估值"体系，均不涉及次级市场的模式分析。

这就是我们说的，在进入"数资城市数证估值系统"的核心空间之前，你必须对"资产"的估值模型有必要的理论储备，如果停留在次级市场认知层，则将无法形成正确的资产发行行为约束（自由基加密）。

那么什么是"商业计划层认知"呢？这种认知其实就是你（区块而非个体）必须是资产发行的主体和发行之后的运作主体，换言之，在企业估值系统内，你必须是一个具有企业股权的掌舵人，你才有资格参与到系统的规划层。这个设定被平移至"区块估值系统"中来，也就是说，你必须拥有"区块"，且必须是区块链运营的核心（多中心化），你才有制定"数证估值规则的参与权"。

现在可以回到一个商业场景的讨论上来了，就是如何规划"数资城市数证估值系统"。

这不是个可以直接回答的问题，这是一个算法库的开发项目。我们现在能给出该项目的一个基于"物权数字化"的总规划，阅读者可根据自己的知识结构、资源结构来使用我们的规划，甚至可以借鉴我们的设计，自行开发不同阈值的"数资城市数证估值系统"。

我们认为，要完成"数资城市数证估值系统"的建设，"数资城市"内首先需要有一组必要的"市场孵化器"。在企业估值系统中，我们经常说做一个"上市的布局"，其实就是在使用"企业估值市场孵化器"来部署一个企业在资本市场的成长模型。（关于企业估值孵化系统，有专门的大学理论参考资料和社会实践资料可供阅读，在此处因和本书的主旨无关，不做展开描述。）

从以上章节的分析，我们已经清楚地知道："物权数字化"和"资产资本化"在商业计划层使用了不同的阈值，因此企业估值孵化的标准规划在"物权数字化"中不能直接使用，我们的做法是做了封装处理，并保留了算法的调用接口。（因脚本代码涉商业内核且篇幅过长，所以不在此处展示，且该代码不影响共识性阅读。）

"数资城市数证估值系统"，因为每座"数资城市"都是"唯一"的，因此其必须独立生成自己的"估值体系"，如"文化物权资产"的"估值系统"与"工业物权资产"的"估值系统"，其实是大相径庭的，这是"数证经济"的特性，也是全新的经济理念，我们必须要去适应这样的变化。

在得到"数资城市数证估值系统"独立阈值的结论后，我们即可开启相关的规划工作了。我们先把该规划分成两个组件模型：

· 通用组件模型

· 专属组件模型

通用组件模型是"大部分'数资城市数证估值系统'都会构造的组件，虽然其内容有区别，但是在场景铺设上类似"。

专属组件模型是"'数资城市数证估值系统'独立存在的组件，其设计的重点是如何在全球部署和部署成本规划"。

在完成以上的规划设计后，"数资城市"内即可展现出一个"全市场状态"，即在该"数资城市"内具备完整的：

· 资本市场

· 劳动力市场

· 区块链市场

而且可以让区块自行评定该"数资城市市场系统"对于"区块估值"成长的效率是否达到"区块链"阈值，从人的视角看，即为"我是否可以考虑携带我的物权在该城市的系统内做'物权数字化'发行"。

先来看一下"数资城市数证估值系统"的通用组件有哪些吧。

· "DPOI"与"数字货币"形成的服务平台

· 具有"数证流通系统"的大学（类似硅谷模型）

· 算法库根服务，即发行通道

· 区块链市场，用于展示"一城百链"的规模和效率

首先"数资城市"要把自己设定成为"区块合伙人"，而不能仅仅看作"纳税服务管理系统"。在数证经济中，城市管理团队是直接以合伙的方式进入区块链运转体系的，且其获得的所谓"城市纳税ID收益"，是商业分润，而不是服务收费。

这个设定很重要，尤其是在对峙亚马逊这样级别的对手时，"中心点的能力和定位"几乎决定了最终的成败。这和我们常说的"商业天花板"类似，不客气地讲，

你不能指望我国的快递公司、团购公司、小视频公司去对抗美国的数证经济实体，不管这些公司的产值有多高，掌舵人的身价如何，他们的天花板并不足够高。

所以，"数资城市数证估值系统"建设显得尤为重要，从"招商"的层面，其实更可以清晰地看到"数资城市数证估值系统"优劣的重要性，如果你的"数资城市数证估值系统"不够优秀，全球的区块将不会允许你接入，这和目前的城市招商处境有些许的类似。

所以，在"数资城市数证估值系统"基础设施的构造上，"数资城市"就要给予足够的重视。

这种重视其实不来自"政府是否要加大该方向上的投资"，或者说"让政府直接花钱是不科学的"。我们的建议是：政府放开经营权，由国际化的团队负责投资和运营，政府与运营团队均以"数资城市数证估值系统"合伙人的身份进入到"一城百链根服务"层。这样的设计仅存在"快慢问题"，不存在政治风险。因为高维经济的基础是政治，因此任何基础上的风险都是最高级别的风险，不论上层建筑的憧憬多么美好，都不能成为冒政治风险的理由。

"DPOI"与"数字货币"形成的服务平台

首先，我们必须将货币作为资产（物权）发行方的一个主要收益分配结果。这是绕不开的事情，因为货币的流动性摆在那里，人们的生活方式不可能和计算机相同，也不可能瞬间计划到宏观经济层面，所以必须遵守货币为结算标尺这个微观经济学的"主线条"。但是，"DPOI"与货币不是一个维度的东西，二者没有任何通信管道，因此，在"数资城市数证估值系统"内建设一个"DPOI"与货币之间的"通信网络"，是实现城市数证经济的最基础的内容。

"数资城市数证估值系统"内的DPOI与货币的通信网络，与DPOI锚定货币是两个概念，锚定货币和二级资本市场IPO类似，也就是锚定货币类似"IPO发行价格"。而建设"数资城市数证估值系统"的DPOI与货币的通信网络，是要完成区块中的一个"资产交互网络"的建设。

任何两个合法资产之间都有"资产交互网络"存在，这是"资产流动需求"的市场场景，而且是"资产群体的首要需求"。

数字货币（Digital Currency）是"物权数字化数资城市数证估值系统"选择的 DPOI 与货币的"通信网络协议"，类似我们常说的 5G 协议、TCP/IP 等系统协议。

关于数字货币是"物权数字化数资城市数证估值系统"的一个通信协议的设定，是"物权数字化"系统选择"资产载体通信技术"的构架决策。（公理）

很多人会混淆一个事物的定义和职能，就如混淆区块链与比特币，在此处我们也做一个对标性的解读。

数字货币是一个技术理念，其可以做很多的平台技术，但是平台必须对它进行"阈值编程"才能使用。例如，货币与股权，必须通过二级资本市场的阈值编程之后，才能发生。

所以，物权数字化是在对数字货币进行了阈值编程之后，才将其设定为"物权数字化数资城市数证估值系统"的载体，该"阈值编程"属于"数资城市"的管理系统所有。

"物权数字化"数字货币阈值，采用了 AI 算法库的设计模型，即每座城市设计一个独立的数据库阈值，该数据库将会以数字货币为主键，记录各个 DPOI 的行为。也就是说，在系统内的每一块钱的数字货币，均会记载当下有多少区块链正在调用这一块钱中携带的 DPOI，同时也会通过 DPOI 检索到资产信息。

"数资城市"数字货币系统的阈值基本类似，所以可以直接在"百城百链"系统中安装一套通用的服务平台，来负责相关的通信管理和协议开发，同时在根服务器上，为每一个"数资城市"开辟一个私有域，并封闭一个城市私有指针，来完成数资城市针对数字货币的私有通信需求。

具有"数证流通系统"的大学。

"数证经济"系统内，由于对人的结构化知识的要求在减弱，而对于人们的创造性思维和网络协同能力的要求急剧增强，所以普通的大学教育已经完全不适合了。而且，目前我们多数城市的大学教育资源本就不发达，恰好利用该系统来升级换代本地的"人力资源纳税基站的培养体系"。

具有"数证流通系统"的大学（类似硅谷模型）首先是"区块大学"，在大学内存在的"学生"都是区块，而不是一个自然人。同时，在大学的周边还将配套类似硅谷的孵化器集群，针对校区内的区块产生的区块链予以孵化和"数字物权首次发行"的发行。

该类大学我们称之为"区块链大学"，目前"物权数字化"已经完成了该类大学与传统大学的学历挂接，包括本科、硕士和博士学位，同时也设计了"数字经济学院模型"与"数字经济专业课程体系"，来完成学历教育。在此基础之上，"物权数字化"将"硅谷模型"挂接在了"数字经济学院"之内，完成了人力资源区块化和本地化。

"物权数字化大学"对于系统内的学生将给予极大的资源植入，包括货币资源、产品资源、企业资源、技术资源等，通过"孵化器＋城市纳税 ID"，完成"数资城市"的劳动力移民。

这一步是应对亚马逊的 AI 人才战略的一个非常重要的系统，我们要做到的是，将具备数证经济主导能力的青年才俊与计算机进行整合，培养出"中国链区块"，并利用"数资城市"的资产（"物权"投资）优势，将这一批高级劳动力留在我们数证经济系统内，并做好防止其外流的防火墙。该战略的重要性在于：

· 为"数资城市数证经济"带来闭环组件，并形成可持续增长的商业模型

· 留住优质人力资源，减少资源外流，降低对手的竞争力

· 留住优质物权资产，减少其成为对手的数据资产，即防止对方用我们的资源收割我们的财富

算法库根服务，即发行通道。

"数资城市数证估值系统"的算法库，可以说是"数资城市数证估值系统"的引擎。

"数证经济"不可能是"相等经济"，绝不是说大家搭个框架就能躺着获得收益，相较而言，数证经济的工作量要比传统经济系统的工作链大很多，尤其是计算机作为劳动力单元加入经济空间之后，我们首先要适应它的工作节奏。

我们都知道，股市中的股票有涨有跌，具体为什么会出现涨跌，那是仁者见仁、智者见智的事情。在我们看来其实就是"浑水模式"，也就是无限增加市场不确定性，且针对任何一个不确定性参数，均没有完全可以预测的函数关系。

但是"数资城市数证估值系统"却不会再使用"浑水模式"，反而会使用"清水模式"，即：

· 依然是无限增加市场的参数

· 针对任何一个参数，均需要不断地进行算法逼近，最大限度地形成该参数的预期结果，甚至形成稳定的函数关系

此时，整个"数资城市数证估值系统"的不确定值（涨跌）仅来自：

· 人们思想产生的链，是否达到了额定功率

· 物权所生成的区块链是否达到了预期的收益

· 物权的线程数量与价值之间的拥塞风险

以上三个影响"数资城市数证"涨跌的参数，需要依靠实验室模型来给出约束描述，因此不会有一个抽象的文字话术来做讲解性，如果你对其中的数学架构感兴趣，可以通过区块链来加入我们的实验室，获取"基于你的区块中心的'数资城市数证'的涨跌矩阵"。

"数资城市数证估值系统算法库"在发行一个"区块链DPOI"的同时均会安装"效率探查器"，并"开放数据服务BaaS编程接口"，允许系统内的开发者针对算法库流动数据进行估值效率服务BaaS设计，进而形成一个"数资城市数证交易平台"。

第十九章

物权区块链市场

在之前的章节中，已经两次提到了"区块链市场"，第一次是在"数证经济"宏观市场模型分析中出现的：

- 资本市场
- "计算机＋人"劳动力市场
- 区块链市场

第二次是在前一章中，针对"数资城市数证估值系统"的核心组件中出现了"区块链市场"。

现在，就让我们来解构一下"物权数字化"系统是如何构架"区块链市场"的。需要注意的是，我们的构架方式和实验室模型均只适用于"物权数字化"行为体系和教育体系，如果其他的系统需要使用我们的成果作为教学组件或市场建设组件，可以申请接入我们的根服务来获得"区块链合伙"。这样的设计类似 Windows，很多大学在教授计算机操作系统的时候（非计算机专业），使用了微软的产品，并接入了微软的开发者平台，为微软提供了大量的测试数据和人才。在"数证经济"中，我们也学习了微软的模式，目的是防止资源外流。

在谈到"市场"话题的时候，商科就会变得很宽泛，甚至会很包容。原因是，绝大多数人在用自己最好的资源去面对市场。人们会用自己积攒下来的钱去投资，用自己最好的职业技能去赚取货币，用最大的面子去撑起社交圈层的建设，甚至不断地学习来充实自己的各项能力，在我国还会将家庭收入的一部分投放到下一代身上，等等。

而也正是同样的一批人，在自己面对市场的时候，同时发现了自己还可以建设市场，来为共识性需求提供各类服务。

而在计算机的眼里，我们既是市场的消费者，同时也是市场的建设者（投资人）。因为计算机认为"消费是一种既得利益的投资，我们通常说的投资是一种预期利益的投资"。

从计算机的视角看，市场就是个"有清晰边界阈值的行为通信基站"，人们按照市场的规则各取所需，至于我们眼里的赔了或赚了，计算机感觉不到。

计算机还看到，每个人在市场中通信除协议之外，还有一个通信载体，这种载体的定义不是客观的，是范畴学。我们的系统将这种通信载体定义为"物权"，并将其写入"我们系统内的计算机算法库"，所以在我们系统内的计算机只能识别基于"物权"的市场交互行为。

至此，我们从一个宽泛的市场，约束到了可以用文字来达成共识的"市场"，我们把这个市场称为"物权区块链市场"。

从理论上说，《民法典》内定义的物权，均可进入"物权区块链市场"，此时的"物权区块链市场"就是一个"自由市场"，其中的生意形态会出现千差万别的现象。但是，如果真的将"物权区块链市场"设定为"自由市场模型"，则"物权区块链市场"也没有什么存在的价值，因为混沌的系统必然会产生分化，而混沌本身没有商业价值。所以，如果我们开始论证"'物权区块链市场'是自由市场"的话，那么每一句话都能写入教材，但是每一句话都没有任何商业价值。

因此，我们不会从理论上分析什么是"物权区块链市场"，而是要直接给出我们的构架模型，甚至是商业计划，目的是做一个"整齐的边界划分"，以达到一个商业上的效率阈值。

从之前的"数字物权首次发行"的设计上，可以看出"物权区块链市场"的定位是在"资产数字化发行与投资"。同时在"数资货仓"的部署上，还可以看出，我们针对已经成为区块的"物权"和"数字物权首次发行"之后的"物权链"给出了"市场分化的方向"。

通过"数资城市"的建设，我们将市场分化方向与城市的规划方向相捆绑，提出了一套完整的"一城百链"商业模型，并最终通过对接"数证经济"的实例"物权数证数资城市数证估值系统"，完成了一个"市场的部署"，接下来的事情，就是开门迎客了。或者说，我们不再说什么是"物权区块链市场"，我们开始招商了。

在我们的"物权区块链市场"里，客户会接触到：

· 私有物权数字化分析服务

· 物权区块化服务

- "物权数字物权首次发行"服务
- 区块链合伙服务（投资与区块链开发）
- 区块链交易服务（DPOI 服务）
- 资产结算服务

形象地说，"物权区块链市场"像一个"物权"的循环开发工厂（数证经济闭环），其中集合了计算机、网络、开发团队、资本、政府资源、社会资源等开发工具和组件，在"物权区块链市场"的出口端，会整齐地码放一个一个的"区块链"。

而这些"区块链"会被直接送回至"物权区块链市场"的入口，进入下一次循环，中间没有传统经济的消费环节，也没有静态货币的转换。

从"物权"开始，经过一次区块化成为"物权"之后，就会不断地在"物权区块链市场"内形成价值循环流动和维度扩展，并不断形成收益分配，并通过 DPOI 完成结算。

从外部看，这个循环过程与金融系统的某些货币业务是类似的。同时，细心的读者也会分析出来："美国链"的"区块链市场"表述模型也是如此，只不过他们的进出都是虚拟币，而内部只允许货币一种物权区块化而已。而"中国链"恰恰和"美国链"在此处形成了绝对对峙，即"中国链"只允许除货币之外的物权区块化。（"中国链"有一个"货币区块"系统，来完成货币物权的一个次级转换，将货币转化成其他物权价值后，才允许其进入系统。相关脚本设计，可阅读本套系列丛书的《物权数字化与货币区块》。）

如果你现在就跃跃欲试地想进入"物权区块链市场"，认为"物权区块链市场"会和"美国链"的虚拟币市场一样容易进入，那就大错特错了。因为"美国链"的市场其实也没有向你开放核心层，他们的核心层内只有类似亚马逊这样的"用户"，外围都是投机者甚至是触碰法律底线的"链而走险者"，我们此时给你一个比较理性的认知：目前全球任何一个"区块链市场"均处在算法库建设期，还没有大范围地开放核心市场，更没有完整的次级市场形成，也就是根本没有类似股市的基于"数证经济"的 DPOI 交易形态出现。

DIGITAL REAL RIGHTS
DIGITAL PROOF OF INTEREST

中国和美国两个区块链市场构建方都正在围绕"数证一级市场建设"建设圆形测试基站。所以，任何基于数证的次级市场、自由市场均是危险的，我国为了保护公民的财产不受"伪数证市场"侵袭，已经重拳出击虚拟币灰色产业，这也是为我国建设优质的"数证经济次级市场"做准备。也正是基于当下的世界经济在数证经济上的状态，"物权数字化"才提出了"物权区块链市场"的商业计划，而不是写什么自由市场的理论分析，还没有场景存在，哪来什么理论，同时我们也奉劝围绕虚拟币写什么"理论"的朋友，不要误国伤民，也奉劝那些"靠玩儿虚拟币发了横财的人物"，切莫张扬，能落袋为安算你运气，抓紧投到国家需要的地方，也莫再伸手了，伸手必被抓。

现在，来分析一下"物权区块链市场"的核心引擎设计，你会看出高维经济的维度到底高在了什么地方。

"物权区块链市场"的核心引擎是：

· 多线程合伙

这个引擎是使用了"计算机最强的能力"，同时屏蔽了"人脑最短的短板"。

首先你要理解一下什么是"多线程"。在说"多线程"之前，我们先来说说什么是"多进程"，也同时告诉你，你和计算机的差距在哪里。

其实关于计算机多进程，只要你每天捧着手机，或坐在计算机旁边，你时刻都会感受到。如果现在说，你的终端设备上一直都会有两个以上的APP或软件同时处于打开状态，你不会惊讶吧，你一边刷新闻，一边听喜马拉雅，一边刷抖音，微信信息还不断弹出，对不对？每一个APP在计算机内都是一个进程，计算机的CPU可以同时（人类视角）处理多个进程并同时运转。注意，这和一个工厂多个机器运转完全不是一回事，虽然工业革命也带来了类似多进程的场景，但是那仅仅是萌芽，且不可应用到"资产"层，而计算机不同了，它的多进程是在同时为一个主体带来收益，请注意最后这个结论：

计算机的多进程是在为一个主体带来收益。

这是人类大脑办不到的，人的大脑基本上是单进程的,在没有任何外力的情况下,在一个偏短时间内，人只能干一件事情。我们将这种单进程的模型称为"资源锁模型"，就是在某个时间片段内，一个人的某些资源会被锁在一件事情上，例如资产，在很大范畴内，人的私有资源都被锁在了静止和单项投资上面，包括所谓的杠杆型投资模式，其实也都是将杠杆产生的所谓"资产"锁定在了某个行为上，杠杆只是出现了更多的资产数字（债务），而不是出现了更多的资产价值。所以杠杆越大风险越大，如果出了问题，风险主体要承担的是杠杆债务，而不是原始债务。

而"计算机多进程"不同，它可以让一个资产在同一时间投放到多个"进程"中。从人的视角看，就是资源锁消失了，每个进程出现了一个维度，你的资源在每个维度均出现了一个"映射"，并在该维度内形成了一个资产实体，例如物权数字化。

举例而言，你每打开一个APP，就会时时为其贡献数据和点击率，不管你是不是在操作它，希望你从本源上了解互联网大数据产业的商业模型，如果不了解，请找些数据科普一下。近二十年来，出现了很多有张力的商业模型，甚至是量子商业萌芽，如果你故步自封，还想着投机取巧，很可能就会落入诸如虚拟币、P2P这样的陷阱，甚至会被不入流的传销、旁氏耍得团团转。

至此，告诉你一个惊人的结论，其实你看到的计算机"多进程"，对于计算机而言，还仅仅是个"单进程"而已。也就是说，此时的计算机还是个只会"在一个时间片段内干一件事的机器"，只是它的时间片段的定义要比人类的"短很多而已"。例如，计算机切换资产锁，可以用分钟来计量，而你至少要用月或是年来计量。

时间片段单位值缩短，为投资模型带来的绝不是线性变化，你不能用倍数关系来简单地为计算机多进程投资下结论，而此时，你需要知道的是：计算机可以在一个你无法掌控的时间片段内完成资产的发行、流通和结算，并解锁该资源，让其他进程继续使用该资源。

而在你的慢得和蜗牛一样的世界里，你看到的是你的资产同时投资了多个维度，请正确地认知"同时"这个词在不同世界的定义。

刚刚上文讲了"多进程"，下面来说说"多线程"。在"多线程"的眼里，"进程"变成了"慢得跟蜗牛似的人类"。一个进程，如一个APP，比如微信，它在运行的过程中，会有多个程序模块同时运转，协同工作。也就是在"进程"的视角上，它看到了又一个没有资源锁的多维空间，虽然从"线程"的视角看，它还是存在资源锁的，但是由于线程关于"时间片段"的定义，要比"进程"小很多倍。所以"进程"看到的就是多个线程在运转，如屏幕的颜色变化线程、声音线程、键盘响应线程同时运转，才能保证一个游戏流畅度。这些线程都需要锁定数据库、CPU、内存、网络通道，但是在进程视角下，却已经看不到资源锁了，一切都是同时在发生。

此时你应该知道，CPU为什么内核越来越多，内存为什么越来越大、网速为什么越来越快，数据中心为什么越来越多，而人还是一如既往的慢。人类正在借助计算机提升自己的效率，也就是不断地将多进程乃至多线程，甚至是未来的量子态工作模式，交付给计算机和精工设备去执行。这些效率值提升的行为中，资产投资效率也在其中。而区块链的诞生，就是专属用来使用计算机多线程提升资产投资效率的。

现在回过头来再看一下关于"区块链市场"的模式设定：

"物权区块链市场"的核心引擎是多线程合伙。

此时再看到"多线程合伙"，你是不是感受到了亚马逊的威胁程度？当下的经济战略已经不是什么商业模型的战略，也不会再是"赚不赚钱"的事情，而是：

· 速度

· 维度

的争夺，谁的线程并发数量大，且单线程的效率值高，谁的"资产"效率值就高。我们从亚马逊与"数资城市"两套模型均可以看出，"区块链市场"的建设，最终会是一种极为微观的争夺，也就是"个体资产"的效率值争夺。

从"数证经济"第一阶段的部署来分析，话语权的争夺要点基本上锁定在了"个体资产区块链转化"上。

因为计算机线程能够开放的维度近与算力相关，而与其他资源无关，因此其可以在算力足够大的情况下，为任何一个人开设一个"独立的资产投资空间（私有区块）"，并可以将理论上所有资产均在该空间内生成一个"映射"。

这是"数证经济"的维度理论，即传统经济中定义的资产，可以直接被"数证经济"

的商业节点调用，从现有的商业模式来解析这个动作就是：

每个人都可以在计算机世界里开设一个自己的商业宇宙（区块），同时可以通过计算机将全球的所有资产（需要经过计算机识别）直接复制到自己的宇宙中。这个动作，对于任何人来讲都是公平的，而能否最终把这看似巨大的资产转化为自身的财富，需要这个人依靠自己的智慧创造区块链，并吸引其他的区块进入自己的商业宇宙，来共同完成价值的流动。此时你看到了一个"多中心化、自由基加密、合伙模式"的场景解读。

"区块链市场"的样貌，在计算机进驻之后，在多线程甚至量子态植入经济领域之后，传统的经济学需要有一个足够强的反应，或者干脆直接升级到量子经济学，这样才会正确引导年轻人的思维矢量和思维重点。而这些具备新思维模式的人力资源，才能与"区块链""市场"形成相辅相成的发展态势，这同时也是 AI 的一个有效矢量——"数证经济 AI"。

回归"物权数字化"的区块链市场模型："物权区块链市场"在解读了"区块链市场"的计算机内核后，就会很容易得到"物权区块链市场"的宏观设定：

将"物权"作为与计算机多线程合伙的基站。

CHAPTER TWENTY

第二十章

资产思维阈值

从国家层面看，是希望每一个人都能够投身到全民所有制建设中来，因此我们党的宗旨就是为人民服务。也正是在此思想的引领下，任何新资产形态，均不能存在过多的自由基思维。所谓自由基思维，就是"效率值过低的资产增值计划"。例如，一个个体对自己资产的投资模型仅限于借贷和固定回报；再例如，投资的目的仅仅是为了赚钱，但是不考虑投资的方向和赚的钱是从哪里来的。

从"数证经济"的实施过程来看，最大的难度就是参与者的"粒度"设计。所谓"粒度"，就是系统识别的细致程度，从之前的"区块链市场"来看，由于其维度的提升，并以政治为基础，其容量已经不是问题了，任何一个公民，均可以在一座"数资城市"内注册自己的"城市纳税ID"，并完成系统登录，如果"物权有效性的判断"稍加宽泛，每个人的私有物权均可以顺利地区块化，从而获得"城市纳税ID物权"区块。从这个层面上讲，发行物权资产（不是DPOI）要比去合伙一个公司简单实惠。但是也正是这样的"粒度"设计，很可能会导致由此产生的"数证经济"很难实现预期的收益，更有甚者，连启动都会很难。

我们看到了亚马逊的部署，它的整体战略和我们类似，但是在"粒度"的选择上却使用了非常精细的"粒度探查器"。

也就是说，亚马逊在完成它的估值系统建设的同时，对"资产思想"的准入机制，制定了一个非常完备的引擎组件。

首先，亚马逊将资产属性做了区块链拆分成数据、物权、开发者，并给予了一个资产套件系统，包含亚马逊云、亚马逊电商和基于谷歌AI的SagaMaker。

从这套东西我们可以看出，任何单一的资源，包括商家、企业、（数据）资本、独立的人力资源均不能独立地形成数据资产DPOI，也不太能直接形成"数证经济估值"。每一个单独的资源，都必须调用亚马逊的根服务资源，才能形成一个完整"区块数据资产"。

例如，物权持有者，即亚马逊电商的客户，需要叠加开发者的开发能力，才能在"亚马逊区块链"内重新发行数据资产；而数据分析师或纯数据企业，不许锚定亚马逊物权资源，才能形成DPOI，独立的数据分析不能进入亚马逊区块链，只能徘徊在 SaaS 的范畴；开发者具备 AI 设计能力和计算机编码能力，甚至具备区里的区块链市场搭建能力，但是亚马逊选择的开发者本身没有任何数据源和实体物权资产，因此，开发者要想接入亚马逊区块链，就必须与物权和数据进行链接。

亚马逊将资产拆分之后，形成了一个"看似合作其实是制衡"的初级区块链模型，即三方资源必须在与亚马逊 DPOI 握手之后，才能获得以亚马逊为中心的其他资产的链接。

这是一个非常值得学习的模型，或者说，亚马逊的朴素的智慧，为全球的区块链资产合作提供了"粒度模型"。

"中国链"中的自由基加密和亚马逊的资产"粒度模型"是一致的，这种粒度模型屏蔽了两个不能要但又很普遍的劣根思维：

（1）我拿物权发行了，就能等在家里收钱了；

（2）开发区块链不如当"网红"。

其中第一个劣根思想，在我们的民众中普遍存在，我们称之为"甲方思维"，就是我拿出东西了，我不管你是数字化还是什么股权化，我就是要个结果。遇到这样的思想，"物权数字化"平台将会屏蔽其任何物权进入系统。因为这样的思想之于数证经济毫无价值，如果我们真的需要他的物权，花钱买了就好，没必要将其资产化，在后续的章节中，有针对该类物权的对策。

第二种思维属于个体劳动力投机型思维，其并没有正确地认识到个体劳动与资产之间的映射关系，更不懂得什么是合伙，这样的劳动力，即便"很红"，也不能被"物权数字化"系统所识别。

以上两类思维，第一个可以去淘宝，第二个可以去抖音。但是即便是淘宝和抖音都搞区块链，这两类思想也很难进入其核心资源库。

可以看出，亚马逊的制衡策略，会产生朴素的合伙理念，大家的目的是平等地合作，发行有效的数据资产。在这样的思路下才能实现：

· 物权可以调用所有开发者

· 开发者可以调用所有物权的区块链拓扑

接下来，我们再深入，分析一下，能够进入数证经济的物权需要具备什么样的属性。

我们先来拆分一下"物权"这个词，即拆成"物"和"权"两个部分。

- "物"是产品，客观存在
- "权"是归属，是一种客观决策

从经济的效率值看：

经济的循环来自"权"是如何支配"物"的,同时经济循环的熵值也来自"权"对"物"的不和谐支配（自由基）。例如：个体支配自己的收入，只要是合法的都是可以的，但是产生的浪费却无法避免，如食物的浪费、碳排放的过度、投资的领域不是国家需求等。

所以，传统经济的发展就是制定"物"与"权"之间的策略。此时，即便是在传统经济中，个体劳动力也被归入"物"的范畴，只是划分了一个独立的市场——劳动力市场。

当我们从以上的角度解读"物权"之后，你的资产思想应该能够得到一次有效的扩展。此处我们给本书的读者一个我们总结到的和资产相关的规律：

从我们针对近十年的财富流向和资产掌舵人的分析来看，资产认知宽度越宽的个体和企业，获得的财富增幅越来越快。到了2019年，这种现象增长得尤为明显，同时，国家宏观调控的方向，也从单一的原始土地投资模型向多维资产发行层面升级。

国家针对没理由的暴富思维、铤而走险的投机行为、带有商业欺诈的模型甚至只为了多赚钞票的商业行为（明星群体行为），宏观层面均给出了红线，加以限制；同时大力发展数字经济、发展科学技术以及环保、乡村振兴等带有很强的智慧思维模型的经济引擎，正在成为新经济的有效抓手。

在本书的开篇，我们就给出了"物权数字化"是"物权资产化"的一个实例，也就是物权成为一种新资产的发行模型，在经过以上章节的铺垫之后，我们再从思想层面，达成一个"物权数字化"的高维共识：

"数字化"资产发行过程，是一个对"物"和"权"的重定义过程。其采用一套全新的估值体系，将传统"物"和"权"形成的资产态进行了封装，并安装上了"开发接口"，即允许针对其进行：

- 多线程合伙

形态的开发，开发的结果是"区块链"，其可以在"区块链市场"内形成价值流动，并产生收益分配。从传统物权的视角看，即数字化之后的物权，可以在一个新的阈值系统内，形成新的"物"和"权"，我们可以称之为"数证经济物"和"数证经济权"。

这个共识，不仅仅是思想上的共识，还是商业层的共识，能够达成该项共识的物权，不论你传统物权的大小，也不论你个人能力的高低，均可以进入"区块链数证经济"中；反之，哪怕你的物权再大，也不能在数证经济内完成有效的发行。这并不是规则不同意，或者说平台可以给你完成区块化，但是你对"物"和"权"的共识不是系统共识，就很难形成区块链，这可以说是市场的选择。

现在分析一下"数证经济"中对"物"和"权"设定，先做一个共识性的描述：

- "物"是区块，客观存在
- "权"链，是一种合伙（共产）的载体

接下来，我们给出一个商业约束方向，并探讨这个方向上的效率。

我们计划探讨的商业矢量方向是：

- "物""权"共产

在多线程的环境中，"以区块链为（高维）价值载体的经济环境样貌"必然与"以产品为价值载体的传统经济样貌"大相径庭。其实这里就存在了一个宏观的战略，以什么样的"主义"来约束该环境下的生产共识呢？

"物权数字化"提出的约束主义是"按需分配""共同生产"。

- 按需分配：按生产的需求分配生产资料
- 共同生产：所有生产行为的目标是为了一个矢量约束方向上的效率值提升。

同时，我们也将这个约束，设定为"物权数字化资产思想阈值"。通俗地说，如果你的目的不是希望"按需分配""共同生产"，则你的物权或者"物权"将无法形成区块链，也就是无法进入流通市场，无法搭载 DPOI，无法形成资产收益。

从商科的朴素理念分析：

- 按需分配：按生产的需求分配生产资料
- 共同生产：所有生产行为的目标是为了一个矢量约束方向上的效率值提升

这是商科的核心思想。这件事从"商"的诞生伊始，就是"商"的目的。不管是皇权还资本，不管是氏族还是社会，作为社群生态流动的基础载体的"商"，从来都是希望：

- 按需分配：按生产的需求分配生产资料
- 共同生产：所有生产行为的目标是为了一个矢量约束方向上的效率值提升

只是这个理想不是很好实现。因为，如果让大家去论证，估计差不多能弄个"四库全书"的规模。而从商科的视角看，原因只有一个：

- 自由基约束能力不足

我们经常听到一些大企业的高层把一句话挂在嘴边："利益最大化"。也就是这个没有主语的商科盛典，催生了商业中的无穷无尽的战争。

一句简单的"利益最大化"，形成了千差万别的自由基。在去除它的所有粉饰和遮羞布之后，其实剩下的就是一句话：

- "我"的利益最大化

而这个"我"就是"商业自由基"，同时也是社会熵增的源泉，社会资源基本上全部损耗在了"'我'的利益最大化"之上了。

由于"我"这个词的含义没有边界，也就是其是个绝对的自由基，甚至可以说是目前社群关系中最活跃的自由基。而商科对"我"的约束，其实至今也没有什么完全有效的办法，所以很大的约束成本转交给了政府，在政治和法制之间与"我"斡旋。

由于此种社会形态的普遍存在，进而就从社会学的角度引出了一个话题：如何从社会学的视角认知"数证经济"？

"物权数字化"给出的一个回答是："数证经济"是一个去"我"化（"去中心化"）

的经济模型,同时还是一个塑造"新我"化(多中心化)的发展模型。

很多愚昧的思想,解读"去中心化"的时候,想到的大多是"推倒"思想,什么去掉金融机构(比特币),去掉股市(以太坊),其实都是想以自己的自由基为中心,做一个完全自由的"我"而已。如果允许这样的思维加上计算机形成了一定的共识,那么从社会学的角度看,就是一种历史的倒退和文明的退化,这些完全自由的虚妄,会将我们拉回茹毛饮血的时代。

思想的进步就是一个自我认知到群体共识的过程,从政府替代皇权,从货币替代皇帝,从人治到法制,从农业经济到数字经济,都是人类思维共识的结晶。我们自身包括后辈们,都应该在这些已经成熟的思想上去寻求更高效率的社会共识。

"物权数字化数证经济资产思想阈值"就是建立在已经存在的高效率共识基础上,并进一步提升设计,所以我们设计了一个基于现有物权更具约束性的"物"和"权"的解读模型,并使用:

- 按需分配:按生产的需求分配生产资料
- 共同生产:所有生产行为的目标是为了一个矢量约束方向上的效率值提升。

它的约束来形成"物权数字化数证经济共识"

同时,"物权数字化"也在形而上的领域,给出了"区块链"的一个约束性思想:

"区块链"是一种去"我"化经济环境内的价值流动载体,"数证"是这个载体的实例。

第二十一章

大数据与算法库

上一章阐述的"物权数字化数证经济资产思想阈值",其实是给全球的"数证经济"定了个标尺,作为中国的模型,作为基于全民所有制的模型,我们将践行"人类命运共同体"的伟大使命,着力将"物权数字化数证经济资产思想阈值"推送到全球,让其成为全球"数证经济"的一个标准(接口)。

在政治先进性的基础上,思想的先进性是无国界的,我们甚至可以面对任何看似强大的集团的挑战。

在论述了"物权数字化数证经济"模型的构架先进性和思想先进性之后,就应该完成它的场景建设了。换言之,最难的事情解决了,也就是"物权数字化数证经济"从无到有的事情解决之后,我们就要面对最复杂的一个实施环节了,那就是技术。

选择什么样的技术来构建"数证经济"的"能源共识",是所有可以进入数证经济的资产载体必须率先确定的共识。

此处提到了"能源"这个词汇,先来讲述一下什么是"数证经济能源"。

- 能源:一切行为的基础投资
- 数证经济能源:数证经济系统内的标准基础投资

如果说传统经济的能源来自土地、石油、粮食和劳动力,那么数字经济的能源是什么呢?

我们给出的结论是算法,是可以让两个区块产生合伙意愿的算法。且"物权数字化"还将"算法"做了一个封装化的继承:

"算法"Extend"传统能源"
　　{
　　　　…
　　}

即"数证经济能源"封装了传统经济的能源体系,且给出了自身的独有定义——算法。

面对一个继承于传统的"新生能源",你会向它的类源码中写入什么呢?这也是个没有标准答案的事情,你爱怎么写都可以,但是对于"物权数字化"来讲,我

们在上一章中已经对"资产思维阈值"进行了约束,我们自然会依据约束来编写"物权数字化数证经济能源"引擎源码。即:

Interface"物权数字化"Extend"共产思维"

{

……

}

Class"算法"Extend"传统能源"Interface"物权数字化"

{

……

}

以上是一个脚本示意,你可以根据自己所需要的系统结构来组合响应的组件,如引入 DCOM（Microsoft Distributed Component Object Model 的简称,意为分布或组建对象模型）系统设计模式等。

在进行了矢量约束之后,我们就可以开始设计"数证经济能源"组件了。

让我们将眼光再次聚焦到亚马逊,再次回到"亚马逊区块链"系统结构中:

· 数据

· 物权

· 开发者

在之前的章节,我们分析过"物权"与"开发者",但是并没有去分析亚马逊的数据模型,那是因为时机未到,而现在,就是我们去"结构"数据的时间了。

在"区块链"沸沸扬扬地把人们搞昏头之前,还有一系列的"昏头名词"让人们又怕又爱,如大数据、AI、云计算、5G、AR/VR、云存储、超级计算、边缘计算、分布式……大概至少可以列出几十个,甚至 SaaS 这样的东西,都会让普通人找不着北。

更可气的是,这些"昏头名词"成为一批所谓"技术人员"混饭吃的本钱,一时间技术满地,名词满街,人人谈技术,人人怕技术,人人都想从技术上赚点钱,甚至到了区块链，也改不了这种谄媚的劣根性，技术"混子们"依然整出一批代码忽悠各类不懂代码且又想发财的聪明人。

正是因为此，我们国家形成了一个畸形的技术市场，也涌现了很多畸形的技术劳动力。从某种角度看，这样的环境也拖慢了我们国家在纯技术上跟进顶尖领域的脚步。这个现象也说明：有的时候，很赚钱并不一定都是很好的事情。2020年，据一些权威统计单位发布的行业收入平均值排行榜，互联网行业赫然排在榜首，但是我们的互联网技术依然没有原创。

所以，在谈论"数证经济能源"之前，我们还是要把一些必要的"昏头名词"清醒化，让即将发行数证资产的"初始能源"在行为的发端就是清醒的，以避免"始乱终弃"的乱局出现。

在一段铺垫之后，我们就可以来分析亚马逊的"大数据系统"了。"大数据"这个名词，本身既不是产业名词，也不是技术名词，它就是一个形容词，形容"数据非常多，多到可以赚钱了"。

好了，你看到了大数据的商业定义：

- 大数据：多到可以赚钱的数据内容

如果数据量很多，但是不能赚钱，不是大数据；如果能赚钱，但是没有数据持续的积累，也不叫大数据；必须是数据量持续增长且能赚钱的，才叫大数据。

而亚马逊就是大数据的鼻祖之一。

在所谓的"数字经济""大数据"这些名词出现之前，美国的一批技术型企业便开始"数据直接作为能源（资产）"的战略了。那个时候，我们真的是做梦都想不到1、2、3、4的排列组合也能赚钱。

该战略的模式是：

（1）让所有行为至少使用一次数据收集设备，如计算机和网络；

（2）建立行为数据库，记录行为的扩展信息，如行为发生人、发生地、目的，甚至时间、天气情况、环境情况等；

（3）建立算法，形成新需求的投资源（新经济能源）；

（4）大范围铺设数据收集基站；

（5）大范围创造数据收集服务，如电商、在线支付、游戏、在线金融、习惯性消费、教育等；

（6）建设独立的数据资产阈值；

请重点看一下第6点建设独立的"数据资产"阈值，这是数证经济、数字经济，乃至"互联网经济"的"界碑"，能够理解这设定的人，才算踏入了新经济的疆域，如果不理解这个设定是什么，哪怕是企业规模大过阿里巴巴，也没有形成任何新的资产。

"数据资产"阈值时：算法，而不是数据本身。

或者说，数据本身不值钱，值钱的是可以利用数据形成商业能源输出的"算法"。也正是因为此，我们一直说我们是一个互联网大国，而还不是一个互联网强国。再回首看一下那些很挣钱的计算机技术人员，是不是有一丝悲凉涌起。

其实，从计算机操作系统开始，整套计算机技术的发源地就把控了"数据能源"的高地，并使用了很多资本手段，打压其他地区拥有高级的"数据能源生产能力"。

所以我们看到，我们互联网企业均为"Copy to China"，从搜狐、新浪到BAT，再到现在看到的那些"点击率收割机"，可以用"产业欣欣向荣但是能源层哀鸿一片"来形容，就连云部署这样的技术，如已经非常有钱的阿里，依然选择了使用谷歌的架构。因为拿过来就能用，马上就能赚钱，多年下来，钱是赚了，而我们在云策略上计划还是没有任何"能源输出"。也就是，谷歌几乎不会从阿里找个技术组件安装上的现象。一直没有大范围出现，我们在此说得很保守，因为我们真的不知道，谷歌是不是用了阿里什么技术，反正从大面儿上看，是一个也没有。

还有一个现象，也能帮助你了解"数据能源：算法"到底有多么"值钱"。很多美国的技术公司，如亚马逊，在中国是设有分公司的，但是几乎没听说哪家技术公司把核心算法开发，甚至是边缘一些的算法开发的主控团队放在中国，中国的公司职能基本上是"销售型"，为什么？不为什么！商业竞争而已。

但是现在，数字经济已经达成了全球性的发展共识，而在其能源层面的争夺，也已经打响了。可是我们还有很多人，根本不知道数字经济到底是什么，也就是不知道这个经济形态是靠什么驱动的。

如果你现在找一些很有能力的机构去询问，数字经济怎么搞，估计答案多数差不多：

（1）基础建设，如数据中心；

（2）政务数字化；

（3）企业数字化；

（4）引入阿里、腾讯等企业的分支；

（5）引入央国企或院士点。

很宏大，也很宏伟，但是会发现在宏伟的建筑群建设起来后，变现能力在哪里？也就是支撑这些宏伟计划所需的"巨大的数字经济能源"从哪里来呢？如果现在再说来自货币投资，是不是显得有些不太负责任？将所有运转能量的转化均推给货币，那么数字经济的精髓到底是什么呢？

我们的竞争对手不仅是个玩儿货币的高手，同时也是个玩儿经济能源的高手，而且可以明显看出：能源的地位高于货币。

关于国际数字经济的战略构架和微宏观战略分析，我们给出了一个结论：仁者见仁、智者见智。但是，我们给出结论的重点，并不是要说明什么不行，而是要说明什么能行。

我们认为，现在可以依据我们的政治优势，基于"一城百链数证经济"，基于"物权区块链"（中国链），来构建我们的"数字经济能源体系"，即具有中国特色的"大数据算法（库）"。

这其实不是技术问题，而是效率问题。

从"大数据"这一个关键词即可看出：

如果我们还是一直在论证"数证经济"是不是要触碰金融法、证券法，是不是要在中国让虚拟币合法化，或是从国外弄个NFT来，不断地和法律兜圈子，那么轻则违法，重则误国。

而且还有一个不太好的消息是，大数据仅仅是"美国数据资产能源规划"的一个组件，而非全部，还有几个很扎眼的算法能源，也开始在不同的领域展开其商业基站的铺设，我们会在后续章节再重点分析。

而现在我们要做的是：

- 屏弃所有和"数证经济"本源相混淆的一切事物
- 确立中国数证经济的标准定义和场景描述
- 重点启动"数据资产能源开发项目"
- 构建中国专属的区块链容器，将数据资产能源价值封闭起来，形成足够大的效率值迭代开发空间
- 研发"数据资产多线程"算法，形成覆盖全经济维度的（经济）能源输出

"物权数字化数证经济"正在做一个"中国数证经济"的践行者，一方面抵御"伪数证经济的袭扰"；另一方面践行基于全民所有制的"数证经济大数据算法库"。

"物权数字化"和"亚马逊区块链"一样，都是从商业的角度来构建"数证经济大数据算法库"，只是亚马逊做了顶层封闭，而"物权数字化"继承了全民所有制和我国的政治约束。

这种区别，使得"物权数字化"的数证经济原始能源构造，在定义上会与亚马逊有差别。核心区别在于：数证经济原始能源使用权归属。

全民所有制下，所有能源的使用权归全民所有，而亚马逊的顶层封闭形成了"大数据能源使用权是亚马逊私有财产的设定"。

请注意，这里提到的是"使用权"。"注重使用权"是物权区别于其他资产形态的优势，尤其是在去"我"化的经济约束下，"使用权"是生产区块链的核心动力。

我们回到一个朴素的论调上来，来论述一个商业哲学话题，便于你理解数证经济内的物权含义。

这个问题是：互联网大数据如果能赚钱，那么你能使用它吗？

如果你的答案是：能赚钱，但是我不能使用它。那么后续的分析对你就是一种有效的算法约束。

"物权数字化"认为：

（1）"物权数字化"不仅是互联网大数据，凡是可以产生计算机算法线程，且可以达成共识的（大）数据，都具备价值，都可以转成某个系统的能源；

（2）对于"是否能使用"，并不是系统不允许你使用，而是你的能力，无法使用该能源形成有效的价值流动；

（3）全民所有制下的目标，就是降低能源使用的门槛，不断地在自由基约束的矢量上增加使用者的基数。（人类命运共同体）

"物权数字化"基于以上分析，在"数证经济"的模型设计中，是基于城市设计的"数资城市—城百链"模型，而不是基于阿里巴巴的"区块链阿里"模型，即"数证经济"在能源的管理系统是直接建设在"政治基础"上的，而不是建设在"携带垄断风险的企业基础"之上的。而由此产生的"数证经济能源"管理系统的健壮性，尤其是在"多线程"维度的健壮性，才是真正维度级的提升。

简单地做一个"算法"效率分析：

对于一个个体而言，你通过发行"区块数据资产"进入区块链系统，你的期望值是：先获得区块链和数证收益，还是先要通过花费学习成本然后通过贡献自身的资产和价值，制作一个算法，然后挂接到一个 BaaS 去出售呢？

这其实是个"民权"的问题，同时也是企业和政府不可比拟的维度优势。作为企业，它即便是可以直接向你的"区块数据资产"开放区块链合伙，并能够为你带来资产收益，但是为了"企业利益最大化"，它也不会向你开放，亚马逊的套路我们在之前的章节介绍过，它会和你"谈个生意"。

此时，亚马逊会向你展示自己的宏大，如它的投资有多巨大，它的技术有多先进，它的资源有多丰富，它的"数证"有多么坚挺，它的工具有多么好用（这个是最扯的广告），成为它的开发者会多么荣耀。

从商业上讲，亚马逊几十年的部署，然后放出这样一个生意不算不公平，同时由于"大数据算法库"的很多规矩都是亚马逊和谷歌创立的，它们有理由直接将"数证经济能源"的"开采权"制作成一张"开采牌照"放到"新经济"的门口，然后吸引大批的劳动力向它们买下所谓富矿的地区聚集。我想你此时已经看出来，这是一个西部淘金的翻版。而不管你是不是挖到了金子，都会向这座看上去能够实现理想的矿山贡献自己的财富。

但是，不去亚马逊大数据能源矿区淘金，就一定好吗？答案是否定的，当资本的引领向着什么方向做局的时候，你跟上去，或许还能搏出一片天地。但是，如果你不跟进，你只能被淘汰，甚至失去安身立命的经济来源。

所以对于全球的任何一个社群和社群中的成员，类似亚马逊这样的能源制造者，其实是掌控了"一镰刀下去割多少"的权利的，这也是为什么每隔一段时间，美国就会出现几个名头很大的企业的原因：资本需要不断地变换种韭菜的土壤环境，同时还要变换镰刀的样貌，才能让其他社群跟着所谓的"新经济能源"矿区四处奔波，然后重复着"淘金热"的故事。

百年来，在"淘金"剧本轮番上演了很多次之后，来到了"大数据算法"作为能源的"数字经济"，而这一次，却不再会是资本的"独角戏"。

中国给出了一套"全民所有制"下的"数证经济大数据算法"能源模型。当能源不是以一种"高贵"的包装出现在所谓"伟大的企业话术"中，而是建设在先进的政治基础之上的时候，世界的经济能源战略发生了什么样的变化呢？

我们首次看到模型中出现了：共产合伙和能源开放。

能源不再做高贵的包装，即任何人都可以基于自身的物权进行"物权"化，也就是所有的人都可以直接拥有数据资产，而不是只拿到"三分之一的牌照"（在资本系统中，你能发行的数据资产被系统切割成了数据、物权、开发者，你只能归属到其中之一，并等待系统的宠幸才能获得完整的资产）。

所有的资产，将通过系统"国家公链"的调配，形成合伙，即不论你的"区块数据资产"是否能够独立形成价值载体，你都有平等的权利生成"区块链"。这些职能，是通过"数资城市"这样的政治模型实现的，而不是亚马逊的企业模型实现的。如果你还不知道政治模型的优势在哪里，请你看一看当下我们全民接种新冠疫苗是什么样貌？在人民的利益面前，国家所做出的决策是哪个托拉斯可以比拟的？

在中国的"数证经济能源"系统内，所有的公民都是"大数据算法"的贡献者，同时也都是"大数据算法"的受益人。中国链的"合伙"模型其实就是通知你，不要以为自己会写程序，就比其他工种有优势，在全民所有制"数证经济"内，只有分工不同，没有高低贵贱之分，大家都是向一个共同的目标贡献"物"，同时大家有平等的"权"。

从商业模型的效率分析，中国"数证经济大数据算法"能源系统的：

- 建设成本
- 运营成本
- 开采成本
- 应用场景
- 结算成本

均大幅低于"以企业为中心的数证经济模型"，横行了百余年的"利益最大化"，这一次却输在了自己看似聪明的规则之上。

从"数证经济"的视野，去学习什么是"大数据"、什么是"算法库"是一种"高维学习"模型。"物权数字化"建议我国的年轻人都能从"所有制优势"出发，去学习客观存在的工具和资源。

这个建议其实是一种意识形态上的效率值算法构建，同时也是我国"数证经济大数据算法库"的一个必要组件。

让年轻人从"所有制优势"的角度去学习"大数据"以及计算机相关的技术，是"数字经济"的一个"核心能源库建设"模型。

这是"物权数字化"系统给出的一个"数证经济"全面学习的方法，就是先学习你要用"大数据"去干什么，并且已经能干了，再去了解大数据算法是怎么回事。

我们在计算机技术的学习上，尤其是在商业能源级的计算机技术的学习和拓展上，一直没有形成大规模的顶层理念模型。用我们中国文化的理念解释，就是我们一直在"术"的层面徘徊，还没有在"道"的层面予以突破。

由"物权数字化"主导编写的本套丛书，重点抓两个要点：

- 资本模型
- 顶层技术

其中"资本模型"重点是结构资本主义的顶层模式，做到"洋为中用"，这项举措，我们的商界已经做得很出色了。"物权数字化"在"数证经济"中，重点将所有制优势与资本模型相结合，并利用区块链对计算机进行了劳动力模型封装，实现了数证经济的一个标准模型。

而针对"顶层技术"，"物权数字化"却没有直接鼓励"洋为中用"，因为在计算机技术"洋为中用"的四十年里，我们并没有形成固定的优势模式（注意：是模式，不是底层技术），而且还在很多商业场景中出现了越来越被动的局面。这是值得我们这一代做量子商业模式的人思考的问题，甚至摆在我们面前的，可以说是一个前人留下的"困局"。在延续前人的C2C，而放弃我们根本的优势，那么在全球数证经济话语权的争夺上，我们胜算并不大。现在的世界局势，不是搞个洋务运动，而是必须认清我们的优势是什么。洋务运动时期，我们是全面落后，而今天的全球经济一体化的局面，我们其实是"势均力敌"，中美双方各具优势，且我方的政治体制优势要在总体上略胜一筹。因为在当下的政治体制内，在中国共产党的领导下，我们的宏观构架的效率值是足够匹敌任何一个经济体的。在争夺经济话语权上，我们没必要谦虚，也没必要闪烁其词，就是要正面力争。

放眼我们的国内，说实话，不缺写代码的，甚至从写代码的层面上来看，我们的民间力量是不输给谷歌的，可是为什么在一个新经济模型出现后，我们在技术的搏杀上总是"力不从心"？这里的一个结论是：

我们可以使用计算机技术，但是我们不能模仿着去建设亚马逊一样的企业。

也就是说，我们的代码输在了"容器"上，一旦我们将类似"大数据算法"这样的新经济能源的开发权和运营权放到企业模型，则对方的资本优势、企业优势、人力资源优势，均能通过其摩尔定律的布局直接渗透进来，这种渗透是文化层面的攻击，很难对抗，假以时日，必然进退维谷，这也是为什么我们可以迅速地发展成为"互联网大国"，而很难进化到"互联网强国"的一个重要原因。

所以，"物权数字化"在谈"大数据"，包括后续要谈的物联网和AI，我们都要旗帜鲜明地将政治基础放在"根处"，先确立优势，然后再制作武器，最后攻击敌人的薄弱环节，才能取得决定性的胜利。

当下的世界，已经不再是看得见的肉搏来决定胜负的时代，现在的对抗，是多元化和多维度的对抗，且参与对抗的单元也越来越多。"数证经济"已成为目前的一个强对抗点之一，甚至是一个可以影响全局的对抗。

兵马未动，粮草先行，一个新经济环境内的能源模型，在很大程度上决定了对抗结果。所以，我们要用"数资城市"对抗亚马逊，同时也要用具有中国特色的"大数据算法"模型来对抗对方的数证经济能源体系。

我们要开始和对手展开一场抢夺大战，抢人！抢物！抢数据！

CHAPTER
TWENTY-TWO

第二十二章

再谈物权 & 数字化

以上的分析，基本上属于宏观和微宏观的构架。在微观层面，我们也是使用了宏观的资产思想阈值，来约束了一个"去我化矢量"。至此，其实我们已经构建了：

- 一个场景：物权数字化数证经济
- 一个学科：物权数字化 | 数字经济学

场景层面，我们已经构建了"一城百链"的"数资城市"容器和"百城百链"的经济循环体，同时也构造了该经济体内的原始能源："大数据算法"。在最外层的阈值设计上，我们使用了"中国链"的封装模型，以"全民所有制为纲"设计其中的所有行为共识，并坚定不移地将根服务模型锁定了"政治是基础，经济是上层建筑"的高维经济体阈值。

在完成了绝对的"自由基约束之后"，我们才能开启"物权数字化数证经济"的准入接口，也就是"物权数字化 | 数字经济学"。

"物权数字化 | 数字经济学"虽然叫"经济学"，但是它不属于传统经济学范畴，它属于"政治经济学＋计算机科学"范畴，其衍生的学科包括：

- 区块链科学

边缘学科包括：

- 拓扑学
- 数学
- 资产及资产管理

很多朋友看到"物权数字化"之后，就会直白地问一句：怎么弄？我们的回答都是：先学习，学会了再弄。

先来给出一个"物权数字化 | 数字经济学"的学习方法：

- 学历学习
- 实验室学习

其中实验室学习是一种区块化的渐进模型，适用于有相关理论基础和资产基础的人群。

学历学习，包含一个大学学历和一个实验室模型，招募的学生不但需要高考的分数,还需要对其"大数据算法开发能力进行评测",这部分人群主要是从"开发者通道"进入"数证经济",学习其中的实验室模型就是我们之前提到的"仿硅谷模型",鼓励学生在充分学习我国的全民所有制优势的前提下,开发高维经济算法模型,并通过"数资城市"与其合伙,投放相关的"物权"资产,在大学内形成区块链,经过孵化后,一方面进入股权市场;另一方面进入数证市场。

在做好了以上的准备之后,我们可以从生意的层面来谈谈"物权"和"物权数字化"了。

先来谈"物权"生意。

第一个问题就是,你能找到属于你的可以进入"数资城市数证经济估值系统"发行的物权吗?

这也是我们在本科的同学进入学堂后问出的第一个学术加实践的问题。这个问题的核心,其实是"生意",需要谈,也就是需要建设共识。

此时,我们引入一个学术层的术语:"点对点通信(Point to Point)"。

它的英文缩写很容易引起歧义:P2P,所以在本书中尽量不用,不过你一定要清楚,在"物权数字化"系统内谈及P2P,指的都是"点对点通信(Point to Point)"。

"点对点通信"在近几年开始被传得比较广,也是因为"区块链"的普及,很多人(专家)在解释"区块链"的时候,会把"区块链"解释成一种"点对点通信"技术,然后再加上分布式存储、不可篡改等噱头之后,便开始行走江湖,以"区块链大师"的身份四处"开枝散叶"。

不过,说区块链包含了"点对点通信"技术,确实是对的,只是在对这项技术的解释上,总是无法"自圆其说"。原因在前边已经分析了,就是没有把"区块链"看作一个范畴学的事物,而仅仅把它当作一个类似HTTP的代码造成的不完整认知。

同样,"点对点通信"也是一个范畴学的场景,如果你用计算机的技术去解释,将得不到任何有经济效率的结果。

由于"点对点通信"和"区块链"都不是简单的篇幅可以讲述完整的事情,我们在本书中仅针对当前用得上的内容进行展开，更广域的文字描述，读者可自行查找相关资料。

"点对点通信"从商科来看，是一项"顶层投资技术"，同时也是一项非常高级的投资技术。

"点对点通信"是针对一个项目或一种思想进行大规模资本投入的模型。

历史上的"商科大事"，都是"点对点通信"的结果。说得直白甚至戏谑一点，就是"两个点的思想链接，决定了一个范畴的生存周期"，如罗斯柴尔德与滑铁卢之战，决定了当下的资本阈值。

所以，我们可以看出，在没有计算机大规模辅助的情况下，对于一个普通人来讲，"点对点通信"真正的含义，几乎和你没有任何关系，更戏谑的说辞是，"点对点通信"产生的结果，你都很难参与进去。所以，你现在如果还迷恋区块链的"点对点通信"，还不如研究一下比特币的漏洞来得实惠。

"物权数字化 | 数字经济学"的一个研究方向，就是：

- 以物权为资产源，以数字化为发行通道，建立普遍有效的"点对点通信"。

"点对点通信"第一个很扎眼的属性，就是无中心。因此，"点对点通信"自然而然地成了"去中心化"。这也是为什么说区块链是一个"点对点通信"的技术的原因之一。

从经济建模的算法上看，任何一个经济行为均可以拆解成一个以上的"点对点通信"，你仔细观察一下自己的"生意"，甚至可以看到一个"以你为中心"的"点对点通信"网络，而你此时的目标是什么？或者说这个网络存在的能源是什么？是"利益最大化"，而利益最大化的核心是：

- 信息不对称

由此我们可以对传统经济的盈利模式做一个归纳，即：传统经济是信息不对称的"点对点通信"网络组成的经济环境。

在这个定义下，其实就会对除传统经济以外的新经济模型提出一个要求：如果你和传统经济的定义类似，那么你就是传统经济，不管你使用了什么技术、什么模型，归根结底，只要你是追求"自由基利益最大化"的行为，就可以用传统经济的范畴直接描述出来，用不着拐弯抹角地套什么不入流的概念。

全球如果说能够完全独立地形成区别于传统经济的新经济模型，目前只有"数字经济"，我们甚至再严谨一点说，目前只有：

- 美国关于区块链部分模型
- 中国区块链模型

具备了新经济的独立范畴，即：

数字经济，信息对称的"点对点通信"网络。

既然是独立范畴，那么其中的两个核心要素：

- 信息对称
- 点对点通信

均会有独立的边界阈值，而不会再使用传统经济阈值，我们通过研究得出的结论是，数字经济"点对点通信"对传统经济的"点对点通信"进行了封装和升维，具体升维方向可以关注"物权数字化"的学术与实践实验室的动态。

数字经济中的信息对称，其实不是针对传统经济中的信息不对称。

这一点必须要清楚，这关系到你能不能正确认知"数字经济"和"数证经济"。

此处我们给出一个哲学的描述：因果论和二元论，在数字经济中不适用，尤其是在计算机范畴，几乎没有适用的场景，学过一点计算机知识的人都知道，计算机认知维度至少有"同或和异或"两个人类不能去实施的状态。而到了量子计算机的范畴内，就不会再存在因果论和二元论。目前数字经济中人的行为还存在着一定数量的二元论和因果论，但也多数发生在区块内，而在区块链上，也就是DPOI范畴上，也很少再使用二元论来做商业分析。

所以，区块链内的"信息对称"是一种"接口状态"，其标志着区块（点对点）之间的通信将使用一种叫作"信息对称"的模型来完成"数字生意的达成"。

我们先给出一个"信息对称"的约束方向：

- 可以同时接入两个以上线程的"点对点通信"，被称为"信息对称"接口约束请注意，这里没有定义，只有方向，这和"传统经济"的"信息不对称"是一样的，传统经济的信息不对称也没有定义，因为自由基的存在和"利益最大化的模糊性"，所以信息不对称存在着不可编程的特性。也就是说，计算机做不了人类现在的生意，因为计算机和人的大脑的思维模式不同。

由此，也可引出"信息对称"的第二个约束方向，即：

具备可编程接口的"点对点通信"，被称为"信息对称"接口约束。

那么将两个约束合并一下：

具备可编程接口且可以同时接入两个以上线程的"点对点通信"，被称为"信息对称"的接口约束。

接下来说一说数字经济中的"点对点通信"场景是什么样子，此处"物权数字化"可以给出一个明确的答案，是：

• "区块链物联网"

"物联网"，一种已经存在了很长时间的商业名词，和"大数据"一样，被人们传得沸沸扬扬，但是目前还是少有大规模有效的物联网场景形成，即便是在技术上，华为的"NB-物联网"也可以用举步维艰来形容。

关于物联网，其本身的范畴并不比我们现在探讨的"数证经济"小。因此，要细致地讨论它，也不是一朝一夕的事，我们此处只调用一些相关参数和属性，并将其约束在"区块链"的阈值之内，来说明"物权数字化"系统内的"点对点通信"的"最小单元"的形态。

我们先给出"点对点通信"使用物联网的行为单元描述：

"物"->"权"<-"物"

这是一个最简区块链拓扑，且我们暂时将"人"从其中拿掉了，即当这个"'物'->'权'<-'物'"区块链形成后，人不能干扰其通信。

而以此：

• Node："'物'->'权'<-'物'"

为节点的区块链拓扑，被称为"区块链物联网"，在商业场景上，"物权数字化"

将其约束为:"物权数字化物权物联网"。

该节中的"物"区块,是一个经过数字化发行的物权的"(数据)资产态",该状态可以被区块链阈值内的:

- 权:"大数据算法"

所识别,并可在"权"的范围内,寻找合适的"物"进行链接。

"物"–>"权"<–"物"形成的"区块链物联网"具有很标准的信息对称"点对点通信"的特征:

(1)一个"物"可以链接两个以上的"权";

(2)一个"权"只能链接两个"物"。

稍加分析就可看出,该拓扑模型借鉴了"化学:高分子聚合模型",随着"权"与"物"的位置和链接方式的不同,一组相同的数量(分子量)的"物"和"权",会形成多样化的结果(多线程)。而这种排列组合的模型,人是干预不了的,但是人可以引导其向约束的矢量上形成固定的模型(算法),而不符合宏观约束的形态,会自然消亡掉。

这种分工类似于"计算机负责创造样本,而人们负责筛选样本的分工合作状态,同时这样的分工全部发生在区块的内部,并不能发生在区块链上,也就是人的选择干扰不了区块链物联网的"点对点通信"。

依据以上的拓扑分析,我们再来看一下所谓的"物权"和"物权的数字化发行"。

可以得到的学术结论,或者可以编入"物权数字化 | 数字经济学"教学材料的结论是:任何一个合法的传统经济商业节点均可以构建数字化经济空间,并通过设计独立的约束规范,形成一个以该商业节点为中心的(中国链:多中心化)的资产化通道和"私有""点对点通信"经济模型。

上边结论的通俗解释是:

所有人都可以构建一个自己的封闭系统,并通过发行自己定义的资产形态,形成一个基于"点对点通信"共识的经济体系。

这个通俗解释不但适用于数字经济,也适用于传统经济。或者说,数字经济通过构建自己的模型，让你看到了自己的"权"的范围，其实是没有边际的，约束你的是你自身的能力和信息不对称的环境。这也是为什么整个传统商界史只是一个"少数人的传奇史"的原因。当然还有资本的二维黑洞模型的制约。

从技术发展和文明进步的方向上看，不断地释放个体的能力，并给予其足够自由的空间，是目前全球都认可的方向，只是选择的道路不同。客观地说，当下任何系统的目标，都有先进性，应该合作共赢。所以，计算机被派发到了"行为主体上"，并成为新的行为主体，同时诞生了新的"点对点通信"模型范式，也诞生了全新的商科阈值，如"物权数字化｜数字经济学"。

现在，一个非常"前沿化"的问题就出现了：

如何让现在的"商业节点甚至是个体"能够使用这个先进的体系来形成全新的经济维度呢？

"物权数字化"给出的接口就是：

- 用"物权数字化""数证经济"来筛选和培养已知的节点
- 用"物权数字化｜数字经济"来培养未知的节点

因此，整个"物权数字化"系统是一个"孵化系统"，而不是一个商业服务，系统内的节点需要在学习中成长，并不断形成可量化的区块链，才会不断衍生所谓的"商业服务"。

此处我们给出一个"系统"的两个属性：

- 孵化属性
- 商业服务属性

上的阈值区别。

孵化系统，是开放所有的工具、资源、信息、商业模式的一种商科构架模型，即由"发起方"完成系统的投资、环境实验室建设、人力资源培养体系规划以及市场规划。其盈利模式要看其发起方所处的所有制形态，如果是资本形态，则该模型属于大型收割战略投资，如"摩尔定律"；如果是全民所有制，该模型属于经济发展战略投资，如"一带一路"。

而商业服务系统的特点与孵化系统的特点恰恰相反，商业服务系统会封闭所有的资源、工具、信息、商业模式，并将其搭载产品进行溢价出售，这是一个典型的信息不对称"点对点通信"模型，该类模型从分类上是在孵化系统之内产生的。但是自从 IOS 和安卓，这种封闭与开放的案例大范围普及之后，商科就把孵化系统和商业服务系统分开了，其实是提升了商业服务系统的地位，因为从 IOS 和安卓的系统结构分析，商科发现孵化与商业服务出现了"算法嵌套现象"，有兴趣的读者可自行研究一下。其实所谓的开放与封闭，并不是从 IOS 和安卓开始的，或者说不是苹果和谷歌首创的，在早期的操作系统 Windows 和 Unix 时期，就形成了封闭和开放的样貌，当年的解释是：Windows 的封闭是为了创造更大的市场，Unix 的开放是为了创造更大的共识。

其实从今天的结果上看，不论是封闭还是开放，都是摩尔定律收割战略的核心战术。

所以，"物权数字化"希望重新定义"孵化系统"和"商业服务系统"的阈值，在未来发布的版本中，很可能会在根服务层给出二者的独立边界设定。这样做的目的主要是为了构造更合理"物"和"权"的关系模型和"区块"内部的拓扑模型。

"物权数字化"所要做的事情，并不是让人们手里的东西能够玩儿出点什么新花样，也不是"炒"什么的技术。千万不要将"物权数字化"和炒房、炒期货、炒股联系到一起，我们这样呼吁的原因是：我们的国家在数字经济的大规模全球化部署上正处在"逆水行舟"的时期，我们的 5G 在铺设，我们的卫星网络在铺设，我们的文化在铺设，而我们自己的数字经济商业模式也要尽快地铺设出去。"物权数字化"的设计目标，就是希望成为"中国数字经济商业模式全球铺设的先锋部队"。

说到此，一个"个体物权所有者"应该怎样看待自己的物权在时代大潮中的作用，如何正确地认识数字化，如何学习正确的数字化价值观，是当下微观数字经济所必须要铺设的"共识"。

从个体的角度而言，支援国家建设义不容辞，从国家的角度而言，让奉献者获得应有的奖励和鼓励是为人民服务的一个正确的行为理念。以此说明：个体与国家之间没有什么不一致的东西，因此个体层就不能有"事不关己，高高挂起"的消极思想，而是要主动投身到国家的建设与发展中去。

那么我们现在就来分析一个很实在的问题："物权数字化"对于一个个体能赚钱吗？其实这个事情，毋庸置疑。但是先要看你和谁站在一起起去赚钱。我们清楚地知道，包括之前的章节和所有的"物权数字化｜数字经济学"的理论包含了很多新模式和学科知识，不是一朝一夕就能熟练掌握的，但是对于广泛的个体而言，是否学习"物权数字化｜数字经济学"的知识，是你的自由选择，但是不是选择你进入数字经济系统，却是"全民的选择"。因为但凡能够形成区块链、区块链物联网的节点，均会参与到类似"亚马逊区块链"这样的实体之间的对抗中去，这可以说是一种"殊荣"，而并非简简单单赚不赚钱这样的思想可以承载的"小事"。

而对于你所担心的事情，如"赚了与赔了，赚多赚少了"等思想，其实就是受了所谓的理财产品经营模式的影响，所形成的惯性后遗症，说重一点，是一种无知的表现，也是对我国的全民所有制体制理解不够充分的表现。

"理财"作为人民生活水平提高之后的一种财富运作理念，本来是无可厚非的，同时，全民理财其实也是支持国家建设的一种积极行为。

但是，"理财"思想也是有范围的，不是什么事情都能套用"理财思想"，数字经济这种带有划时代战略意义的事情，"理财"思想所固有的劣根性就会导致认知的缺失，从而延缓整个战略的实施。

任何一个个体都要清楚地知道，"国"和"民"的命运是联结在一起的，任何涉及全球战略的大事，我们的党、我们的政府都是和民众站在一起，共同去谋划和实施的。因此，在面对全球数字经济话语权的争夺上，我们不但是大国担当，同时也是匹夫有责。

所以，你手中的"物权"，是否区块化，是否数字化，是否去完成新资产的转换，其思想的根基不能停留在"理财"这种"资本模型下的卑微之中"，应该建立在世界话语权争夺的高度上。只要高度在，效率值就一定高，效率高，你的利益就会有保障。

同时，你也会看到，任何理财打出的旗号都是"理财有风险，投资需谨慎"，为什么呢？为什么还有打着理财旗号的骗子呢？为什么还有看似高大上，其实是想尽一切办法，利用ABS等手段，把借来的30亿元变成3000亿元，然后又想在股市上大捞一笔的"愚昧行为"呢？这些都是对我国"全民所有制"意识形态的漠视和对"为人民服务"宗旨的践踏所形成的落后的自由基思维，最终结果大家也看到了，凡是让人民受损的行为，国家必然不会姑息。

所以，我们要再次重申："物权数字化"不是理财平台，而是一个系统的实验室，我们在建设以政治为基础的数字经济模型，并以"数证经济"为场景，开始面对全球，踏上征程。

在本书的开篇，"物权数字化"给出了"什么是数字化"的一个约束性描述：

数字化，是一个资产化的过程，并用一定的篇幅，论证了资产的模型。

"数字化"的资产化过程，从商科的角度看，是一个新资产的诞生过程，我们在之前也描述了，"数字化"过程类似法人注册，会产生类似股权性质的资产，并在"物权数字化数证经济估值系统"中分析了该类资产的特性，那么接下来，我们站在系统边界上，再来看一看数字化资产的商业样貌。

当我们用宏观政治的约束对物权进行了矢量限定，并在"资产思想阈值"上捆绑了全民所有制思想之后，"数字化"就成了一个"讨论战术"的范畴。

- "数字化大数据算法"

既然成为"传统资产"和"数据资产"两个资产之间的"关系系统"，所以数字化绝不是一个简单的资产化概念就可以高枕无忧的，而是一个长期的循序渐进的迭代发展过程，其中包含的要素：

- 原始资产的质量和效率
- 区块化程度
- 算法库的智能程度
- 基础硬件及网络的支撑能力

- 生产（消费）群体的增长

等等，当然，要素还有很多，甚至有些要素现在还没有浮出水面，或者还没有被创造出来，但是随着"数证经济"和"数字经济场景群"的铺设，"数字化"的范式会不断地形成并投入经济运转之中。

从当下的几个要素形态来分析，其中：

- 原始资产的质量和效率
- 生产（消费）群体的增长

是目前从个体端最难突破的点，其中包含了很多历史遗留问题和发展不均衡的问题，因此，我们在此处做一个约束性展开论述：

- 关于原始资产的质量和效率

从物权层面的资产思想上看，在我国还没有形成大规模约束性共识，因此从质量和效率上都距离亚马逊现有的资产质量和效率值有一定的差距，再加上数据算法库的建设我们的起步比较晚，又受原始资产的共识自由基的影响，这会让我们在一段时间内出现"数字经济能源紧缺"的现象，但这里我们还没有包括人力资源的短板。

不过，从客观的角度看，"有差距"就已经"很好了"，总比"人有我无"的样貌强百倍。

接下来的事情不是简单地定个"赶超先进"就能解决的事情，也不是列出一些条目和所谓的方法就能制订出个"赶超计划"。我们必须在这个层面做好充分的艰苦奋斗的思想准备，在不同的时期选择不同的模型，合理地调配战术，不断地寻求制衡的模型。

同时，"数字化"对我们国家经济体内的所有商业节点也发出了呼吁，请尽快地依据国家的宏观战略，制定数字化方案，让自己的有效资产投入到新经济维度的建设中去。

"物权数字化"会在数据库建设、算法库建设、人力资源建设、资本模型建设等层面，针对各个商业节点反馈的数据信息，予以最大限度的算法整合，尤其是要发挥"数资城市"的支点作用和"一城百链"的模式优势，让资产的数字化效率不断攀升。

- 关于生产（消费）群体的增长话题

此时，我们还是将"消费"列入了思想阈值系统，但是用"（）"的意思是，不断减少它的固有理念。

"数字化"的目标就是成型新资产的流动的闭环，而且是全新的闭环系统。这就意味着会产生大量的新信息，大量的从未通过的产品、模式、资产使用方案和大量的商业定义。

在这一点上，美国是遥遥领先的，甚至形成了美国的信息模型，形成了我们解读信息模型的一个非常不好的惯性理念，这种理念看似走捷径，实则是"资产流失的源泉"。例如，比特币、DeFi、NFT，这些信息模型在我国造成的影响可以用"满目疮痍"来形容，最后不得不由国家出手来遏制其蔓延，要知道，凡是国家去花费成本遏制的经济事件，都是全民所有制的经济熵增点。

这是我们国家的责任所在，凡是影响到人民的，都要不遗余力地去遏制，如新冠肺炎疫情。但是，要知道，这些遏制其实是我们的全民所有制体制最不想去耗费的成本，还是再次提出我国当下的政策，充分体现了"以人为本"的中华文化的传承。作为这样的体制内的商业节点，你至少要做到"先以大局为重，再运用自己的聪明智慧"，而不要耍小聪明，最后却耗费了国家本就不是很富裕的管理成本。

所以，在"数字化"正在争夺话语权的当下，我们的商业系统应该站出来，敢于创造名词，创造系统，并借助国家的平台，发布标准市场，发布资产，发布规则！

这其实也是"物权数字化"对即将数字化的商业朋友们的一个呼吁："物权数字化"使用了中国区块链模式；使用了去货币化；使用了多中心化；发布了自己的"数证经济估值系统"；创建了自己的"数字物权首次发行"系统，制定了自己的"'物'->'权'<-'物'"的物联网模型，甚至制定了自己的"大数据算法"库；我们在数字经济层要使用自己的操作系统，自己的价值观，自己的生产力与生产关系规则，如"数资城市一城百链"，目的就是在规则上有自己的话语权。

在这个话语权基础之上，我们才能铺设全球化的市场——中国链市场，让全球流动的区块既有美国造，更有中国造。

"数字化"是资产化的一个方向，而这个方向的目标是创造"中国资产"！

CHAPTER TWENTY-THREE

第二十三章

物权数字化 ｜ 数字经济大学

如果我们深刻地分析"硅谷+MIT"的模型，其实会感觉到一丝丝无奈。我们要承认贵族体系，在资本经济中确实起到了：

· 引擎研发

的关键作用。甚至在很大程度上，是美国的商业发动机效率领先的保障。

而这两个大学模型也不同，MIT很深邃，硅谷很耀眼。如果让我们用语言来描述两个教育模型，则MIT可以书写百万字以上，而硅谷只用一句话就可以写完：

硅谷——代码的墓场。

而这座墓场埋葬了代码，却诞生了"人类的计算机思维"，更有甚者，包括现代的互联网顶层思维模式，甚至数据资产化的理念，斯坦福的硅谷都可以在历史上留下一笔。

如果接下来，我们必须与这些顶级的模式设计者有一战的话，我们也必须有一个自己的练兵场。那里应该是：

区块的墓场

那里埋葬了区块，却会诞生"具备全球竞争力的'数证思维'"。

在亚马逊的战略组件：

· 数据

· 物权

· 开发者

数据算法，我们一定要自己来建设。物权方面，"中国链"正在和"美国链"分庭抗礼，"数资城市一城百链"会以政治先进性为基础，与对方的"全民参与模式"形成长期的"均势对抗"。

而只有在开发者层面，实话实说，我们暂时没有可以对标的系统，或者说，在这个层面，我们处在全面的下风。关于"开发者"这个层面的落后，其实是要追溯我们最后一个皇权王朝：清朝的不思进取，以至于后来的三百年，在其他国家通过工业革命和资本革命形成了"升维发展"的时候，清朝却没有任何有效的举措推出，以至于国力此消彼长。

我国的国力从休养生息再到突飞猛进，已经在很多层面回到了世界的巅峰，但是诸如大学，尤其是对标服务于资本顶层模型的大学模式，如斯坦福、MIT、普林斯顿等，其实还是处在摸索阶段。在这样客观存在的条件下，我们的"数字经济"如何在开发者层面寻求突破，就成了"物权数字化数证经济"必须要面对的挑战。

这是个不能回避的因素，同时也是全球"数字经济话语权"争夺中最大的变数所在。

如果说，美国占有技术优势，中国占有政治优势，那么哪一方能获得"开发者"优势，那么胜利的天平即会向哪一方倾斜。

如果从战术上分析美国的技术经济，那么会发现一个"愚公移山"的故事，实实在在地上演了，主角就是那个在"鸟不拉屎"的地方盖的斯坦福大学。这件事其实和拉斯维加斯的传奇冒险不是一个模式，拉斯维加斯不过是一个有理想的莽汉，而硅谷却是一批已经达到"自我价值实现"阶段的顶层规划师。从现在的结果看，我们有理由相信，在硅谷设计的初期，那个"代码墓场"的计划就已经跃然纸上了。

"墓场模型"其实是一个高级的烧钱模式，其核心就是两个：烧死什么和诞生什么。硅谷烧死的是代码，诞生的是什么，有时间你自己研究吧。不过至少我们看见一批从代码墓场走出来的计算机算法设计师，这一批掌握现代劳动工具的工人，正在颠覆这个世界的很多传统。从现在到不远的将来，这批人的工具都会去创造数字经济能源体系——"大数据算法"。

在硅谷高速发展的时期，在我国已有一个计算机产业的"墓场模式"出现了，那就是中关村，其商业模式是组装电脑、盗版软件。在后来中关村就成了那一批从业人员的墓场，并在墓场之上长出了中国互联网产业。我们并不需要去探讨硅谷和中关村，因为二者都缔造了时代，我们只是观察到一个小小的现象，并做一个简单的横向对比，从中得到一个"物权数字化"的商业规划模型。

这个小现象就是，中关村其实在当时就是中国科技的一个"巅峰的代名词"，而且中关村聚集了中国最好的大学，真的是最好的大学，而且当时也出现了许多挂着名牌大学的企业，甚至还有上市企业。但是，从结果看，如果按照斯坦福之于硅谷的结果去衡量中关村的大学之于中关村，乃至中国的科技产业来讲，我们必须承认，其中存在着不小的差距。

这种差距，在社会学上分析，是可以缩小并赶超的，但是如果放在商业系统里，这种差距对于产业甚至行业来说，有时候是致命的。在商科内，永远流传着一句戏谑的谚语："钱能解决的事情，就不是什么大事。"听上去很糙，但是实际上很受用，硅谷的事情，显然不是钱能解决的事情。因为，时至今日，在很多层面，我们还是笼罩在MIT、斯坦福、普林斯顿等大学的阴影下。同时，还有一个小小的可悲是，即便是现在，我们的很多年轻人依然将斯坦福等大学看作科技的圣殿，而依然没有意识到，这一批大学其实是针对全球经济要点而进行精准打击的部队。

关于硅谷的事情其实还要继续延伸一下。因为在美国，最厉害的大学都是私立大学，这和我们的国家正好相反。其实，私立教育的萌芽在我们的教育产业中也出现得很早，我们耳熟能详的就是MBA、EMBA，后来还有长江商学院，以及近些年风头很盛的湖畔大学。在不久前，湖畔大学摘了牌子。这或许反馈出了教育产业要有战略输出，我们静观其变即可。

我们做这个延伸的分析，不是要让大家去发现什么教育层面的漏洞，甚至是错误，而是要让大家分析出，在"数证经济"经济的大战场拉开帷幕的时期，当一批全新的"开发者"人群需要尽快形成战斗力的时候，作为向"物权数字化"这样的模型规划和实施的"商业系统"，应该如何选择模型来部署有效的战术。

我们分析，在这一轮基于：

- 数据
- 物权
- 开发者

的"数证经济"战略部署中，MIT、硅谷依然会是美国重点的大规模战斗力的输出单位。所谓大规模战斗力，指的是商业战斗力，如企业CTO这个级别的人物，而不是高精尖研发人才培养体系。

因此，我们这次依然是正面硬碰"硅谷＋亚马逊"的战斗兵团，而且这一次的硅谷，比起三十年前要更加强大，更加成熟。我们有理由相信，全新的针对"数证经济"的"墓场计划"已经在硅谷开启，而我们很多年轻人还在诸如DeFi、NFT，甚至天秤币、狗狗币这样的烟雾弹里转圈儿。

这是"物权数字化"系统向社会提交的一个模型层的分析，甚至是一个呼吁：建设可以抵御"数证经济"海外兵团的人力资源系统，是当下数字经济的投资人、设计者必须要率先考虑的布局。

如果说之前我们的很多市场模式是看到了"中国人多，干什么都能吃得饱"，造就了我们市场经济的繁荣，那么在当下，这种思想需要大幅地收敛，不要再让我们的十四亿人口成为商人赚钱的牧场，而是要正视来自太平洋彼岸的强大威胁。

在本章的开篇，"物权数字化"系统即给出了一个"物权资产"的投资导向：

构建"数证经济硅谷"。

这是一种致敬，是一种学习，更重要的，这是一种醒悟，并且也是"物权数字化"向"物权数据资产"提交的"第一份商业投资计划""物权数字化""数证经济"系统，在商业布局上属于一个"大时局"的范畴，即：

以世界大环境为背景，以我国的政治经济战略为方向，以传统资产为发力点，以新资产为价值载体，构建一个资产、价值流动的引擎系统。

在研究了美国摩尔定律四十年的布局模型后，我们发现了资本的市场划分方式：

- 资本市场
- 产品市场
- 人力资源市场

是一个很科学的引擎架构，同时这三个市场之间的关系，存在着非常复杂的"算法关系"。虽然只有三个元素，但是从这三个元素衍生出来的生态，可以用不计其数来形容。

在我们做商科的初期，经常将资本（市场）看作一切商业行为的源头，用这种认知去解构一百年前的商业模型，非常好用。包括我们的大学，至今还是偏重对资本的学习。但是随着近四十年来计算机不断地成为商业能源载体之后，我们发现资本的力量在明显减弱。请注意，我们说的资本减弱，是单纯地指资本市场在一个资产运转体系中的重要性和应用场景，而不是指顶层掠食群体的控制力。相反的是，随着资本模型被其他两个市场所制衡的商业行为广泛出现后，顶层掠食群体的控制力明显加强了。例如，当下芯片技术对全球产业的钳制，就是来自非资本钳制，或者说不是靠美元就能形成的。直到我们到了"硅谷的代码墓场模型"的时候，我们才发现了一件不可思议的事情：

原来在顶层掠食者的角度看，这个世界只有资本市场，并没有什么产品市场和人力资源市场这样的并列元素存在，而这个高维的"资本市场"有一个高级理念：

一切皆资产，资产可以资本化。

同时，顶层掠食者通过这样的理念模型，构建了一个我们普通商业看不见的市场样貌：大学和股权市场。

其他的商业行为，均是这两个市场的次级市场。也正是这样的高维资本理念，催生了硅谷，同时也正是对此类模型的不熟悉，使得中关村即便有大学也不能出现硅谷。

俗话说："朝闻道，夕死可矣。"在"数证经济"时局到来的时候，所有商业行为，甚至包括之前的硅谷，都回到了同一个起点上，此时，所有的商业行为又获得了一次选择模式的机会。

也正是这样的时局，才会有"物权数字化"这样的系统出现，才会有对标亚马逊的模型出现，而同时，我们也学会了"类似硅谷的大学市场"模型。或者说，"物权数字化"集齐了高维资本的所有模式拼板，再叠加上全民所有制的先进政治系统，"物权数字化"系统应该有资格挑战"新摩尔定律"。这不是一种狂放的口号，而是我们已经做了商业的部署。

从"一城百链"对抗"亚马逊区块链"，到全民所有制大数据对抗全民参与制大数据，最后就剩下一个硅谷了，我们必须要拿出可以匹敌"高维资产模型"的场景，在最后一块"资产拼板"上形成均势对抗。

先来看一看硅谷的"墓场模式"吧。

当"一切都是资产"的时候，一个很重要的事情就是，如何找到在约束矢量上最优秀的资产。而硅谷就是一个探查器，探查的能源是"代码"，探查的结果是企业和人力资源。

其探查流程是：

（1）不分方向的，以自由基为基站，大量地产生"开发者+代码"的样本；

（2）以股权市场需求为约束，对"开发者+代码"进行探查，完全符合要求的，"人+代码"进入资产化流程，如利用天使投资或 VC 通道；

（3）不符合要求的，将人资产化，并将其并入已经成型的企业，用已经获得股权估值的企业对"人"进行二次孵化，寻找合适的时机，以其为核心，再次进行资产化；

（4）将代码放入一个"墓场数据库"中，要么永久地死去，要么等待合适的人将其唤醒。

先说一下，AI 的商业化，已经更改了"代码墓场模型"，新的 AI 资产化方案还在实验室中没有完全铺设，但是以谷歌当下的速度加之MIT的助力，全新升级版"墓场模型"的铺设，其实并不遥远，在以 AI 为核心的墓场模型里，代码或者说 AI 的地位获得了极大的提升，而沦为墓场的，从现在的态势上看是"人"。

在"物权数字化"创立初期，我们曾经斟酌过用什么样的模型来针对硅谷甚至谷歌 AI 在数证经济中的战略部署。后来我们还是放弃了 AI，原因很现实，同时也很商业。毕竟"物权数字化"本身也将使用"一切皆资产，资产可以资本化"的模式来规划整个系统的运转规范，同时也会产生：

- 大学
- 区块链数证市场

两个资产输出的引擎。

而关于大学，如果我们硬要调整到所谓的最新形态，即"人+AI"形态，并且真的要形成"人的思维墓场"，从客观上说，我国还真的"搞不起"。我国的国情是，人口虽然很多，但是真的能直接资产化的人（思想），从绝对值上，都还是落后于美国的。所以，在原材料都还不充足的情况下，硬上所谓的新模式，其风险已经是不言而喻了。在近几年，我们的科技企业才开始模仿硅谷的皮毛，走进大学，但仅仅也还是转转而已，因为模式上企业无法突破自身，所以即便是顶级技术型企业，也不太能够形成战斗力，其挑选培养的，顶多是工程师、设计师，而并非"优质资产"。也正是这种不把人当资产的"土财主"思想，在一些环节上阻碍了新经济引擎效率的提升。

也正是看到了这样的不足，所以你现在看到的是一个系统名称——"物权数字化"，而不是一个类似腾讯、阿里巴巴这样的企业名称，这是一种非常重要的思想模型的转变，尤其是在和"人"相关的资产化过程中，别说我们的企业效率不行，即便是美国的企业效率也不高。因为企业本身就不是将人资产化的场所，而真正"发行'人'"的场景，在硅谷这样的模型内，很遗憾地说，目前我国关于"发行'人'"的场景，还在路上。

总结至此，"物权数字化"向所有即将发行数据资产的"物权"递交了《关于建设"以区块墓场模型"为发行机制的"数字经济大学"的商业计划》。

也就是说，我们当下针对"物权数字化"的价值流动方向重点划拨到了"大学市场"，注意不是教育市场。当然，从盈利模式上，这个商业计划涉及了三个传统投资项目：

- 地产
- 学历教育
- 产业园区

这些项目的收益也将划拨到"物权数字化"的投资人收益中。

该商业计划的重点是模仿硅谷，但是设计规模要比硅谷大很多，该项目的计划首先还是做一个"大学区块链"，同时在每一座"数资城市"内，均设立一个基站，形成一个"百校百链"的"'人'发行"引擎。

解释一下，"区块（链）墓场模型"的设计理念。

"区块（链）墓场模型"是一个标准的硅谷式的墓场模型，它通过营造高等教育、天使孵化、数证经济领军人物塑造等组件，围绕一个"学历教育主体"，搭建资产发行体系，以"人"的资产化发行为商业核心目标。

在这个环境中，会有大量的"自由基区块链"被创造出来，这些区块链的原始资产来自"物权数字化"的"物权"发行过程，从之前的章节分析，可以得出结论，"物权数字化数据资产"，作为"合伙"参与到区块链的发行中，如果区块链没有发行成功，即"直接进入墓场了"，则"物权数字化数据资产"没有价值损失，只是损失了该线程上的机会收益，该损失是机会成本，再多线程系统内，可以忽略不计。

有一个事实，"物权数字化"还是要说清楚的，在以"区块（链）墓场模型"缔造的发行系统中，依然有"货币资本的参与"而且参与度不会低于硅谷的"当量值"，这是引擎效率所需要的充要组件，请不要和区块链的"去货币化"混淆。同时，这一部分货币资产也不会进行"货币区块化"，即不会进入发行之后的区块链市场和"数字物权首次发行"市场，关于该类型货币的封装和模式设计，可以通过学习标准的股权投资知识去加强理解。

"物权数字化百校百链"通过对系统中的自由基区块链进行矢量约束，拣选出"人+区块链"，并将其以"开发者"区块的形态，并入"物权大数据算法库"，即将其看作"物权数字化数证经济系统估值"的一部分。则该学生团队和学生团队的作品会直接获得股权资产和数证资产。

那些没有通过拣选的"自由基区块链"，将会封存在"物权数字化区块（链）墓场"内，要么消失掉，要么等待着新的学生将其激活。如果一个"墓场"内的区块被激活，且通过了拣选，发行到了"物权数字化数证经济估值系统"内，则其原始ID，将会以智能合约的接口直接获得收益分配权。这是区块链的阈值，与当下的硅谷代码"墓场模式"有所不同。

我们经常会被一些"希望成为'物权数字化'系统投资人"的朋友问到：数字化之后，怎么赚钱？其口气和腔调很像是询问一个基金经理。"物权数字化"是很理解这批朋友的心情的，另一个原因是，目前我国很大一部分"物权"是掌握在这类朋友手里的。

"物权数字化"要建设"中国链数证经济"，将不可避免地要调用到这批朋友的物权，但是如果"物权数字化"真的按照基金经理的话术去回答朋友们：

（1）"物权数字化"没有存在的必要，我们搞个物权基金就好了，通过我们掌握的信息不对称资源，去赚取我们的差额、头寸、佣金；

（2）数字化就成了空谈，其实就变成了一个所谓的炒作游戏。你把你认为不好炒的东西给我，让我变成好炒的东西，然后咱们分钱；

（3）弄不好还会谈到虚拟币上去，始乱终弃。

但是，如果我们非要让所有的朋友都去懂全民所有制的优势，都希望加入中美新经济对抗中去，都能正确理解区块链、数证经济，都能看懂硅谷模型，也不是很现实，毕竟术业有专攻。

所以，"物权数字化"选择了：

- 募集资金
- 构建孵化模型
- 大量创造原始样本
- 在物权数字化的结果没有风险的前提下，发行区块链

的方式，来与当下的物权数字化发行人对接，并提交了一个类似硅谷模型的基础资产实验室项目，其目的还是让大家：

- 首先要全面了解全球数字经济、数证经济的现状
- 了解我国的优势和劣势
- 树立正确的资产发行与投资观念，挣钱没错，要和国家与人民走在一处
- 要学习美国的先进技术，尤其是先进的资产发行技术，如硅谷
- 要投资年轻人，帮助他们树立正确的价值观，即让他们获得财富的同时承担起中国经济全球化的重任

CHAPTER TWENTY-FOUR

第二十四章

行为即发行

行为即发行（Behavior as Issue），这一章更多地写给我们当下的年轻人，包括马上上大学的学生，已经在读大学的学生和已经走向社会的青年。

"物权数字化"很重视中国青年人的"物权资产发行"，而这些青年人的物权就是他们"自身的行为系统"。

在上一章中，"物权数字化"给出的"第一份商业投资计划"已经明确地表示出，"物权数字化"在物权层面的数字化资产流通层面的能量设定，来自本土的"开发者"。

开发者不是一个职业，而是一组资产（拼板），并且是任何数证经济系统都不可或缺的资产拼板。请读者再次加深一下这个定义：

开发者是优质资产，必须做好他们的"数证经济数据资产"发行工作。

在"数证经济"内，任何：

· 将计算机算法不当作资产的思想

· 将可以为计算机算法提供迭代开发的开发者不当作资产的思想

都是错误的思想，必须要学习和纠正。

我们甚至说，以上的思想即便是在当下的传统经济内，都是非常落后且危险的思想。

在传统的环境里，"钱本位"思想对诸如计算机 AI 和算法开发者的"蔑视"可以用非常严重来形容，再说得尖锐一点，我国很多高等学府的资产思想，尤其是新资产思想也很淡薄，这就导致了"本来很优质的资产"却要围着"赚钱"想办法，甚至由此产生了大量的自由基思维，如虚拟币挖矿这样的灰色产业，很多也是具备计算机项目部署能力的团队开发的。

这样的结果，不能够去埋怨我们的大数据系统，也不能埋怨我们的年轻人。同时我们也不会埋怨"钱本位"思想，客观的模式存在，应该客观地评价和使用。只是在当下的时局中，我们应该将粗浅的"钱本位"进行扩展化升级，让更多的优质资源能够在一条和国家战略相一致的道路上发挥效力。从国家的投资上看，是"完全不缺钱的"，甚至可以说，国家宁可在其他地方省一点，也从来没有在宏观上让能够抵御外敌的优质资产缺过钱。

造成优质资产缺钱的原因还是商业模式本身，其实就是对"资产"的认知和发行，需要提高认知水准和场景规划能力。

"物权数字化"就是从"物权"入手，以"数证经济"为场景，构建优质资产发行通道的系统。

我们很恳切地想请更多的年轻人读一读"物权数字化"系列丛书，并且希望在"资产"层面和他们达成共识。

记得在之前的章节，我们提到过"一丁地"的典故，那是皇权社会对劳动力的一种"资产化"模式。一个男丁的降生，就代表了国家有了一个优质劳动力、士兵和继续制造劳动力的种子。因此，国家为了让他能够安稳地为国效力，就投给他"一丁地"，让他安居并乐业。

由于社会效率值的提升，我们现在不再需要这样的模型来投资"优质资产的诞生"，但是这种模式，却值得我们做模式的思考和借鉴。美国是一个很年轻的混合文明国家，而我们国家对劳动力的投资却由来已久，要知道在宋朝，我们国家是全球 GDP 最高的国家，即便到了明朝，我们的国力也是世界上首屈一指的。这并不是说靠着"一丁地"的投资，就实现了世界第一，而是要告诉大家，我们民族的血统里，早就存在引领世界的基因，所以我们现在要做的，就是把美国的优势和我们的传统进行必要的捏合，来缔造全新的资产发行模型。这样产生的资产形态，就是我们国家独有的形态，而且独有的就是世界的。

在上一章里，我们看到硅谷依然使用了"全民参与"的模式，或者说美国在使用全民参与，什么都是全民参与，然后拣选英雄，包括综艺节目都是这个套路。

但是如果要是直接就把硅谷拿进来，必定会水土不服，因为我们青年人和美国青年人的性格不太一样，或者说"资产优势不一样"，我们的年轻人是从一种叫作高考的系统中成长起来的，或者说比起硅谷的"自由创造"，我们的年轻人更喜欢"命题求解"。

我们也大量地尝试过，提取我们的青年人样本，让他们面对一个没有命题的创业，比如在没有 VR 的时代，让他们想象如何制作 VR 算法，很多非常聪明的学生却表现出无从下手的局面。但是你如果将这种无中生有的事情交给美国孩子，一帮子连乘法口诀都不会背的青年人用不了几天，就会拿出一个"看上去不错的商业计划"。请注意，这不是差距，这是思维的差异！

这就是两种开发者资产的差别，如果你使用我们的优质资产，然后套用硅谷模式，结果不用看，一定是哀鸿遍野。所以在"数证经济"的"开发者资源"发行的模式设计上，要使用"命题求解"的方式作为发行的阈值，而不能使用硅谷的天马行空。

这种做法，是首先要让我们"年轻人，这部分'数证经济'的优质资产"有安全感，同时还要让他们有归属感。所谓的归属感，就是要让他们树立自信，这也是为什么在我们的丛书中，要将政治放在基础位置上的原因。

在具体的"物权数字化开发者资源"发行的模型构架上，我们开始尝试加入"一丁地"的理念。即行为即发行（Behavior as Issue）。

以上的描述是"计算机算法端"描述，为的是让计算机可以形成接口脚本，从人类思维理解上的描述就是：只要你来了，就给你一份数据资产，让你能够利用这套资产安身立命、安居乐业、扶危济困、保家卫国。

"行为即发行"中的行为，代表一个行为主体，也就是一个人。在更宽泛的解释中，我们会把消费的理念引入进来，但是现在，我们先约束在"我们国家的青年人资产"层面，我们要针对全球经济的态势，组建自己的"青年近卫军团"！所以，此时的"行为"即代表"你来了，我们就给你资产"，同时将你：

- 区块化
- 资产化
- "数字物权首次发行"，发行一个估值
- 投入区块链市场

"物权数字化"会在"大学模型"中为这一批优质的资产准备好"区块（链）墓场"，同时会为他们筹备必要的货币投资、资源投资、用户、市场（包括股权市场），协助这一批资产形成中国"数证经济"的核心战斗力。

从整体构架上，"物权数字化"的串联模型如下：

（1）投资构建"一城百链"系统，尤其是大学和数据中心，完成数证经济能源库："大数据算法"的硬件铺设和根服务脚本的设计；

（2）发行传统物权资产，即针对传统企业物权进行数字化，并建设"数资仓库"，形成"物权"区块；

（3）搭建"物"–>"权"<–"物"结构，将"权"的开发接口接入大学；

（4）发行"物权""开发者资产"，并接入"权"形成"链"；

（5）将传统物权区块与"权"区块形成的区块链投放到"百城百链"的场景（市场内）内，完成估值和发行。

在这个系统的运营初期，"物权数字化"将会扮演"资产服务平台"的角色，重点做好"系统能源规划及疏导工作"。

很多人一提到数字化，就会和互联网挂钩。和沸沸扬扬的互联网企业挂钩，以至于只要数字化，就是大规模的点击率，大规模的数据流量、自媒体或者网红。这种关联是错误的，毫无可取之处，应该及早杜绝。

互联网企业是一种基于当下网络服务模型的一个"服务状态"，既不是"经典"，也不会"永远"，尤其是在针对"开发者"这个环节上，互联网更愿意去制造 MCN（Multi Channel Network，多频道网络），比如网红，会卖东西的网红，会卖东西还能带点击率的网红，会卖东西还能带点击率还能有估值的网红，如李佳琦等。

而互联网企业不愿意去做硅谷，其实美国的互联网企业也不做硅谷，这是企业属性的限制，或者说做硅谷不是互联网企业的事情。

同时互联网本身也是一种技术，而且是还远没有被深层开发的技术，它本身也不具备"资产拣选能力"。

我们现在谈到的数字化，需要的是"资产定义能力和资产拣选能力"，需要的是类似"数证经济"这样的实例，和类似硅谷这样的"孵化器"。

"物权数字化"就是这样的数字化平台，尤其是在针对"青年人本体资产"发行的环节，"物权数字化"给出了基于全民所有制的"资产发行模式"，并且将模式投入市场中，寻求迭代和成长。

请再次注意我们使用的"青年人本体资产发行"这个词汇，这说明我们不是在做一个"人力资源培训工作"，也不是在做什么"企业岗位培训"，我们是在做资产估值和资产发行。

在资产的范畴内谈模式，一定不会像互联网谈点击率一样，一谈就谈上亿，我们的孵化模式是"一个一个"地孵化。

"物权数字化"会针对年轻人"一个一个"地去拣选，我们的效率提升确确实实存在：

· 增加拣选窗口

· 提升资源的可操控性

从商科客观的角度分析，不是每一个适龄的年轻人都是"资产"，这和互联网的定义绝对不同，互联网认为每一个年轻人都是用户和工人，都是可以依靠点击率换积分的基站。

所以，我们是通过拣选，而不是通过培养来完成"开发者"的资产估值和发行的。但是我们的工作是要降低发行的"门槛"，让更多的人可以获得"一丁地"。这项工作也不是一蹴而就的，可能需要十年以上的时间才能出现比较合适的效率值。因此，我们也开始着手设计"物权数字化""摩尔定律"，用来配合"物权数字化大学百校百链"的实施，形成比较优秀的"多中心成长模型"。硅谷使用的是"中心化成长模型"，所以它不是区块链系统，而且它如果要升级到区块链模型，所花费的成本要高于重建一个"区块链"硅谷模型，这里提到的成本包括资源成本和时间成本，也正是这种成本，让我们有了机会可以在"开发者"资产发行的拼板内获得比肩的时机。

"物权数字化"针对开发者资产发行设计的"摩尔定律"是：每当区块链的线程数量成长一个单位量级，则"开发者的行为（物权）"的发行量将增加一个量级，切发行成本会相应地降低（投资人成本降低）。

以上只是一个战略描述，其中"量级"的量化工程，"物权数字化"正在展开，2021年至2023年，我们计划发行十万个"开发者行为资产"（开发者物权），并以此为量级约束算法，形成以上定律的量化模型（市场模型）。

从"物权数字化"针对"开发者行为资产"（开发者物权）的"类摩尔定律"的设计可以看出：

· "物权数字化"正在设计一个基于全民所有制的"数证经济类摩尔定律"（我们正在商讨该定律的学术名称，用于替换"摩尔定律"这个名词，当下为了帮助读者理解这个发行模式，使用了"类摩尔定律"作为代词。）

· 正在测试"开发者物权"发行的市场

"物权数字化"分析过类似亚马逊SagaMaker或者谷歌AI这样的平台，也研究过类似App Store这样的市场形态，得出的结论是：App Store和资产发行无关，也不是区块链资产的容器，但是SagaMaker和谷歌AI这样的容器，却出现了"互联网硅谷"这样的模式萌芽。

也就是说，如果亚马逊开始部署大规模开发者区块链（资产，相当于"物权数字化行为物权"）的话，那么它已经具备了完备的网络体系，同时我们还发现，SagaMaker这样的平台带有：

· 大学教育属性

· 资产实验室属性

· 投资属性

· 市场属性

即一个完整的"区块链"结构，这样的结构比当下的硅谷要先进很多，虽然类似SagaMaker这样的系统只是在测试，而且并没有再次使用比特币模式测试，甚至在不久的将来，SagaMaker会关闭，更加商业化的"数证经济资产发行"系统会被一个"亚马逊投资或收购的企业"通过纳斯达克发行出来，但是并不意味着，我们现在就要忽视类似SagaMaker这样的"不起眼的实验室"。

从商科的研发上，我们是向亚马逊致敬的，"物权数字化"的很多模型的初始算法库设计，很多是来自对亚马逊模式的分析。尤其是在"开发者行为物权"的结构上，"物权数字化"从亚马逊的小实验室中获得了很好的商业模式。

当然，物权数字化不会复制一个SagaMaker，那样必然会"水土不服"，毕竟SagaMaker不是K8S（Kurermetes的缩写，是一个开源的，用于管理云平台中多个主机上的容器化的应用），拿来就可以搭个阿里云然后去卖钱。凡是设计资产行为的，都必须要"完全本地化"才能稳妥。

所以"物权数字化"使用了"区块链类硅谷"模型，即用实体大学做内核，用区块链替代互联网，完成对本土开发者的资产化拣选和孵化。这个模型会让开发者获得的孵化资源更实惠，即：

- 躲开了全民参与制下的万中选一
- 不管能否名利双收，均能够获得中等以上的收益
- 自身可以"物权投资人"的身份加入"数证经济"，脱离"打工仔"的属性
- 开发工具更加脚本化，不需要掌握大量的技术能力

利用"物权数字化""行为即发行"让开发者首先成为"物权投资人"，这是全民所有制的特点，这个亚马逊不行，硅谷也不行，整个美国都不行。这是"中国区块链模式"的特点，所有区块的阈值相等，你别说你数字化发行了企业资产，数字化发行了市场通道，数字化发行了融资通道，你就比数字化发行了行为的区块高贵，你就可以吆五喝六掌控对方的行为，这种传统思想在区块链中不存在，即便是在你的私有链里，只要你使用了"区块链"架构，你就基本上不能直接约束另一个区块的行为，除非你回到传统经济空间。

所以，大家在一个"合伙"的环境里，使用"算法权"来链接，形成"区块链"，并投放到市场内，整个过程都不需要自由基干预。这样带来的好处就是，"开发者行为资产"会得到充分的"释放空间"，而那些数字化之后的静态资产（区块化但是还未搭载DPOI的"物权"，内称之为数字化之后的静态资产）才能通过"开发者行为资产"的能连释放，完成"数字物权首次发行"。我们测试结果是，当下所有的"实体物权"，在数字化之后，都需要至少链接一次"行为物权"，才能获得算

法能源和DPOI，并且在很多线程的环境内，都需要至少一次的"行为物权"链接，才能形成稳定的线程内区块链。

如果你觉得给不出这"一丁地"，而放弃和"物权数字化类硅谷"内的"行为资产"的区块链链接，你的数字化思想还需要再次精进，或者回到本书的开头，从头再学习一下什么是"物权数字化"。

至少在2021年至2023年这段时期，也就是我国的工业互联网（Industry Internet）第一阶段铺设完成的时期，"行为资产"的效率值其实是高于"实体物权资产"的，或者说，此时的实体物权，去投资"行为资产"将会获得：

- 一个数证经济的高估值
- 一个股权市场的增长预期

生意上不赔，估值上很乐观，又跟上了国家大势，趋势上获得了快速通道，这样的"资产配比"才是资产高级技术的体现。这也是"物权数字化"为什么要形成学术和市场两个制高点的原因，"物权数字化"平台会为投资人规划最高效率的资产走向，而不是拿着所谓的资产去投资项目。

也就是说，我们是一个优秀的"数字化GP（General Partner，普通合伙人）"，拥有LP（Limited Partner，有限合伙人）不具备的资本技术和资源储备，"物权数字化"不是投资中介，也不是基金经理单位，它是"顶层资产生成引擎"。

"物权数字化"针对实体物权的部署，是数字化算法库，也就是不去触碰你的传统投资，而形成的新能源储备，类似股权这样的发行模式。

同时，"物权数字化"使用了"区块链阈值"，完成了"物权数字化数字物权"的封装，也就是：

"物权数字化数字物权"是一个商业资产，其可以被"物权数字化"系统识别，物权数字化通过GP职能，创造了独立的估值系统，即创立了独立的"资本市场"和"区块链市场"。

最后，物权数字化完成了"能源管路"的建设，"开发者行为物权"的发行，给年轻人"一丁地"，让他们能够为国效力。

所有的理念，物权数字化均本着"全民所有制"的原则，以政治为中心，以我党的领导为最高约束。目的是对抗美国的数证经济，让中国的高维经济能够获得更多的全球话语权。

第二十五章

南渡北归

"物权数字化"深度分析了"数证经济"的两个模型特征：

- 无疆域性
- 无行为直接关联性

这是两个非常耐人寻味的特性，在"一城百链"的章节里，我们已经详细描述了无疆域性的特点，即"物权数字化数资城市"可以利用自己的"数资港口"和"一城百链"的模型，完成覆盖全球的"数证经济"部署。

无行为直接关联性，是指全球任何一个商业节点，均可以通过"数资城市"纳税 ID 在数资城市内发行自己的"物权资产"，并选在该城市内完成"数字物权首次发行"估值。且该行为不受数资城市约束，其可以在多个"数资城市"内发行数据资产。

这种区块链结构，在理论上可以形成一种"城市发展的战略"，同时"物权数字化"还在进行场景性部署，"物权数字化"正在验证一个结论，即"数字经济"与"传统经济"发展的无关性。

这种无关性，是指一座城市的数字经济发展规模和速率与其原有的传统经济规模无关，包括：

- 与城市 GDP 无关
- 与城市的大学规模无关
- 与城市的域内资源无关
- 与城市内的人口及消费能力无关

有些朋友会错误地以为，"物权数字化数证经济"想搞"新城"模型，如深圳。从商业的发展趋势看，再造新城依然属于宏观传统经济的范畴，和数字经济关系不大。

"物权数字化数证经济"肯定不是"新城经济"，甚至不会基于土地经济，当然在前面我们也讲过，我们也不是纯网络经济。

"物权数字化数证经济"构架的是一个"新引擎经济"，这种引擎的阈值先把传统经济的耦合性抛开，而只保留其"发行权"。这是因为物权的流动性要远大于（资）产权，也是我们为什么叫"物权数字化"而不叫"资产数字化"或"产权数字化"的原因之一。

将物权的资产发行"权"通过一个阈值，如区块链，接入"数字化"空间，形成的新资产，其在微宏观层面，有能力将一座普通的城市升级为"城市群经济"。（"一城百链"中有模式描述）

要知道，传统经济形成的城市经济差异，其实是一个"高熵增"模型，差距越大，熵增越明显，这其实和大城市堵车、小城市公路闲置类似，任何过分的资源聚集其实都是一种"资本黑洞模型"的实例。

当下，我国的城市经济可以以长江为界，分成南北两块。明显地看到南北经济发展的差距是在逐年拉大的，2020年，天津市首次被排除在综合实力前十之外，北方只有北京一座城市还在前十之内。

那么如何平衡南北的这种差异呢？

总不可能让南方无条件地划拨资源到北方，搞一个"平均主义"吧。加之这种现象的形成并非一朝一夕，从传统要素上去强行找平衡，必然会伤及很多已经形成的商业架构。

现在再来看一看"数证经济"的两个特性：

- 无疆域性
- 无行为直接关联性

以及数字经济与传统经济的无关性：

- 与城市 GDP 无关
- 与城市的大学规模无关
- 与城市的域内资源无关
- 与城市内的人口及消费能力无关

那么是不是可以设计这样一个模型：

- 南方大力发展传统经济
- 北方大力发展数证经济

南方获得数字经济资产投资收益；北方获得南方的资产投资和数字经济税收；南北方共享流动性物权的数字化发行成果，包括"开发者行为物权"。

从高维经济的特点上看，这种南北合作的模型，是可以尝试的，且实验室成本并不高。所谓的实验室成本不高，是指这种"南北城市经济协作模型"所形成的"物权数字化数证经济"，并不会：

· 给南方城市造成损失

· 给北方城市造成不可逆转的成本

这是"区块链数证经济"带来的全新的"资产层面"协作的模型。借助物权的灵活性和高流动性，借助"数字化"和"区块链"在"全民所有制"内反映出来的阈值，可以通过在北方设计"一城百链"的实验室，吸引南方的城市进行链接的模式，来测试南北城市双引擎"传统经济引擎 + 数字经济引擎"的效率。一旦效率值达到预定阈值，即可增加测试样本和测试深度（物权数字化规模），进而就会形成中国特色的"南北城市双经济引擎城市群"战略。

宏观层面可以释放政策杠杆，来针对性建设北方城市的特色经济，如北方数证经济城市群：

以西安、长春、天津为一组指点，以这三座城市的教育资源为发力点，吸引南方城市的物权资产在这一组城市内形成"物"数字化通道，并与城市内的"开发者"形成"区块链市场"。以"一城百链 + 百校百链"的模型，构建一个"物权数字化""数证经济"试验区。这种突破疆域限制和人力资源限制的数字经济模型，可以充分验证：

· 5G 为通信基础的应用是否可以大范围地商用

· 工业互联网硬件铺设完成之后，是否可以形成全球化的新经济市场和闭环

· 区块链根服务和操作系统的广域有效性

· 数据资产的发行与收益分配模型

· 城市之间的高效率经济模型

· 物联网

"物权数字化"将该类试验区称为"北方的大湾区"战略，目的是让北方城市迅速进入经济增长快轨，仅仅是依靠了新经济引擎，而不是传统招商和引资。

"物权数字化"针对物权的研究发现，在过去的四十年是一个"南渡"的时期，

全国的优势资源，在国家宏观经济发展的大战略号召下，在南方形成了非常高效的现代化经济序列。

在数字经济已经成为全球经济核心引擎的当下，我们应该换一个思路和视角去思考北方经济的突破点。

在北方，甚至是在宁夏、甘肃、内蒙古这样的省份，均可以考虑部署"以计算机为核心劳动力的区块链市场和数字城市样貌"，让相对不发达的北方城市成为全球"数证经济"的枢纽，尤其是针对"一带一路"层面的国家和地区，通过北方的"数证经济城市"实施"一城百链"模式，在南方的物权投资大力支持下，完成数字经济城市群的华丽转身，并在获取全球数字经济话语权层面，迈出坚实的一步。

"物权数字化"是一个基于全民所有制意识形态下，以政治为基础的高维经济建模系统：

"物权数字化"希望能够对抗美国的数证经济"大鳄"，如亚马逊的入侵。

"物权数字化"希望将物权的能力通过中国区块链模式释放出来，形成完整的数证经济阈值，对内让国民收益提升，对外完成中国资产的定义和投资。

"物权数字化"在学习硅谷，学习资本技术，同时也学习亚马逊的规划模型，并将学习的成果，结合自身优势，转化成为自己的模型，尤其是对青年的培养和孵化，"物权数字化"希望给每个年轻人"一丁地"，让他们从一开始就能够认清自己的优势和国家的优势，从此不再盲目自大，也不再畏首畏尾。"物权数字化"还要给他们营造一个孵化成长的空间，让这批优质资产成为世界级的"优质资产"，让他们的"估值"成为我们国家的骄傲。

"物权数字化"希望在北方的城市率先尝试"一城百链"，进而形成"南传北数"的经济引擎样本。

"物权数字化"正在砥砺前行，正在因循着党的智慧，在不间断的学习中成长。当下的中国，客观地说，在经济和技术上还不是十分的强大，但是我们必须号召全国的人民，甚至号召全球的人民，和我们一起走向强大，一起走向最强大。因为我们的国家是以全世界人民的民生为己任，同时我们担负的是"人类命运共同体"这样艰巨的使命。

放眼世界，只有我们的国家做到了"以人为本"和"以'仁'为本"，毕竟：

仁者无敌！